写在鲁迅的边上

陈武 著

东南大学出版社
SOUTHEAST UNIVERSITY PRESS
·南京·

图书在版编目(CIP)数据

写在鲁迅的边上 / 陈武著. -- 南京：东南大学出版社, 2024.6. --（六朝松文库）. -- ISBN 978-7-5766-1238-7

Ⅰ.K825.6

中国国家版本馆 CIP 数据核字第 20243FH877 号

责任编辑：弓　佩　　责任校对：子雪莲　　特约编辑：陈清因
封面设计：鸿儒文轩·末末美书　　责任印制：周荣虎

写在鲁迅的边上
XIEZAI LUXUN DE BIANSHANG

著　　者：	陈　武
出版发行：	东南大学出版社
出 版 人：	白云飞
社　　址：	南京市四牌楼 2 号　邮编：210096　电话：025-83793330
网　　址：	http://www.seupress.com
经　　销：	全国各地新华书店
印　　刷：	三河市华东印刷有限公司
开　　本：	880 mm × 1230 mm　1/32
印　　张：	8.25
字　　数：	177 千
版 印 次：	2024 年 6 月第 1 版第 1 次印刷
书　　号：	ISBN 978-7-5766-1238-7
定　　价：	68.00 元

本社图书若有印装质量问题，请直接与营销部联系，电话：025-83791830。

自 序

近几年,我参与选编了"走近鲁迅"丛书的十几本书籍的出版工作。

我不是鲁迅研究的专家,更未曾想在这方面做出成绩来。但因为有的书稿需要写点选编说明一类的文字,不得不硬着头皮自己干了。《鲁迅和周瘦鹃》《鲁迅和增田涉》《鲁迅和萧红谈文学》等文章就是这样赶鸭子上架赶出来的。

这么多年来,读鲁迅作品也是时而为之,一有时间就翻翻,特别是《鲁迅全集》,翻阅更勤,是因为在写周作人、叶圣陶、俞平伯、朱自清、周瘦鹃的相关文章时,当作资料来查的——鲁迅日记和鲁迅书信里,有很多有价值的线索,可以追溯出相关人物的踪迹。而在写作"走近鲁迅"书籍的选编文字时,还需要大量的参考书,便也会托朋友或同事在网上寻找、购买,比如三大巨册的《钱玄同日记》,刘运峰编著的《鲁迅书衣录》,黄乔生的《鲁迅年谱》,许寿裳早年所著的《鲁迅传》,多卷本的《周作人散文全集》，数册《鲁迅研究月刊》和《上海鲁迅研究》，日本鲁迅研究者增田涉教授所著的《鲁迅的印象》等。这些书籍，为我的选编工作提供了有益的参考，特别是《鲁迅的印象》，是中国民间文学泰斗钟敬文先生翻译出版的，该书出版于1980年5月，出版者是湖南人民出版社，市面上没有发现新的版本，只能上网淘得一册。这本书的好处是，不仅记述了增田涉当年跟随鲁迅学习和翻译《中国小说史略》的经过，还涉及诸多方面，对于了解鲁迅晚年生活和创作以及思想的演进大有帮助；更为主要的是，钟敬文还撰写了《〈中国小说史略〉与增田涉教授》和《增田涉教授的周年祭》两篇专文，以及《增田涉先生略历》和《〈鲁迅的印象〉译后记》，为我选编《鲁迅致增田涉》并为此撰写选编后记提供了有益的参考。

在翻阅《鲁迅全集》和大量与鲁迅相关的图书、资料时，也会偶尔发现点别人不太注意的材料，便敷衍成短文，比如《李儵笔名的由来》《朱自清和鲁迅家的关系》等。另外，主要收在本书下编"鲁迅家的餐桌"里的几篇文章，是因为受我以前供职的一家晚报的邀约，写了一个谈吃吃喝喝的专栏，又因为所谈之食材没有限制，文体也没有限制，随着阅读的延伸，也会写一些外地的美食，一部分文章已经选编进另一本专谈吃喝的小书中了。余下这几篇闲话鲁迅家餐桌上的各类海鲜菜肴的小文，多少也能让人从鲁迅家的日常饭食中，体会鲁迅的居家生活，从另一个角度了解鲁迅、亲近鲁迅。

附录一篇的《花牌楼》，是我在阅读周作人所著的《鲁迅的故家》时，受鲁迅少年时期家庭变故的影响而写作的一部中篇小说。取材都是鲁迅家由一个富裕的大家庭走向败落过程中所历经的一些人事，除了主要人物姓名作了改动外，其余大都遵从历史原貌，对鲁迅家那段历史略有了解的人会一看便知。本来，我打算写一个系列，把鲁迅到南京求学和在北京抄古碑这两段经历写成两部中篇小说，和《花牌楼》合在一起，形成三部曲出版。但因手头各种琐事太多，这个计划便一再拖延。而早在2013年9月发表在《文学港》上的《花牌楼》，在该期的卷首语里，得到了肯定的批评："《花牌楼》为我们带来了一幅清末年间的风情画卷，阿作、三姑娘、潘姨太、姚老太等这些鲜活的人物给这幅画卷带来了迷人的艺术化气息。"

有这么几部分杂七杂八的文字，便凑成了一本小书，分上下两编及附录三部分，算是我多年来对这方面工作的一点小结吧。书中如有不当之处，还望朋友们批评指正。

2023年9月6日于北京像素

目　录

上编　写在鲁迅的边上

朱自清和鲁迅	003
鲁迅和周瘦鹃	015
鲁迅和增田涉	024
鲁迅和萧红谈文学	041
李儵笔名的由来	051
"走近鲁迅"丛书编余杂话	054
《鲁迅诗歌》编后记	069
《狂人日记》编后记	078
我写《花牌楼》	088
朱自清和鲁迅家的关系	093

    从"新打油诗"说起   098

下编 鲁迅家的餐桌

  "补树书屋"的茶饭   111

  鲁迅和茶   116

  鲁迅家用菜谱中的"煎鳎目"   121

  鲁迅家用菜谱中的"鲑鱼干炖肉"   125

  鲁迅爱吃土鲮鱼   129

  鲁迅和许广平谈论的龙虱和杨桃   135

  鲁迅家餐桌上的海鲜   139

  鲁迅与点心   158

附录

  花牌楼   169

代后记

  西三条21号的阳光   237

上编

写在鲁迅的边上

朱自清和鲁迅

朱自清在北京大学读书期间，听过鲁迅的同辈人周作人、胡适、沈尹默、沈兼士、章士钊、马叙伦等人的课，也听过鲁迅的好友钱玄同的课。但朱自清没有听过鲁迅的课。那段时间，鲁迅还在补树书屋抄古碑，没有到北大兼课。朱自清在1920年北大毕业后，直到去世，和鲁迅只有过几次的交集、见面的机会，虽有文字上的相互连线，还同桌吃过饭，但他们之间的关系却一直比较微妙，没怎么亲近。朱自清和鲁迅家有老亲，按理应该互相走动很密切，究竟什么原因让他们保持这种若即若离的关系呢？

朱自清正式和鲁迅接触，是在1932年的11月间。这个月的9日，鲁迅来北京探望母亲。在北京逗留的十几天中，北京的文化界、学术界闻风而动，不少大学和机构都希望能请到鲁迅去演讲。鲁迅也确实在北京大学、辅仁大学、女子文理学院、北京师范大学、中国大学等做了一系列的演讲，引起较大的反响。清华大学当然不能错过这次机会了。时任清华大学中文系代理主任的朱自清也去请鲁迅演讲，遭到鲁迅的拒绝。1932年11月24日，朱自清日记云："访鲁迅，请讲演，未允。"《鲁迅日记》在同日有类似的记录："上午朱自清来，约赴清华讲演，即谢绝。"吴组缃在《敬悼佩弦先生》一文中，对这次不成功的邀请有比较详细的记述："朱先生满头汗，不住用手帕抹着，说：'他不肯来，大约他对清华印象不好，也许是抽不出时间。他在城里有好几处讲演，北大和师大。'停停又说：'只好这样罢，你们进城去听他讲罢。反正一样的。'"从吴组缃这段文字里，我们大致能读出这样的信息：一是这次演讲很可能是同学们要求朱自清能请到鲁迅，进而一睹鲁迅的风采。因为朱自清当时不仅是中文系代理主任，还是著名作家，由他出面，很合适，也较有把握。二是鲁迅对朱自清邀请的回话也是含糊其词的，拒绝也没有明说什么原因，而在朱自清听来，可能是鲁迅"对清华印象不好"，也或许是"抽不出时间"。三是朱自清没请来鲁迅，觉得对不起学生，满头汗大约是走得急，也可能是心里急造成的，因为时节毕竟是11月底了，北京已经很冷了。所以朱自清最后提醒学生也可以进城去听鲁迅的演讲。但朱自清到底还是不甘心，过了几天，即27日下午，又去请了鲁迅，日记所记，也只比24日多了个"下午"二字，即"下午访鲁迅，请讲演，未允"。同日《鲁迅日记》云："午后往师范大学讲演……下午静农来，朱自清来。"朱自清两次邀请未成，心情十分不爽，坏心情是有延续的，到了第二天，即28日，日记云："心境殊劣，以无工作也。"

其实，朱自清和鲁迅之间的关联，应该早在1922年就有了。这年的1月，年仅25岁的朱自清，和鲁迅、周作人、沈雁冰、叶圣陶、许地山、王统照、冰心、庐隐等十七人，被著名的《小说月报》聘为"本刊特约文稿担任者"。依《小说月报》当年在文学界的地位，能够和鲁迅、周作人同时列名，虽然是凭借郑振铎的关系，但也说明朱自清当时在文学界不仅是初露头角，而且已经得到相当一部分白话文作家的肯定了。两年多以后，鲁迅还为朱自清说过话，起因是1925年12月8日，一位叫周灵均的作者，在北京星星文学社出版的《文学周刊》第十七号上发表文章，题目叫《删诗》，很粗暴地把胡适的《尝试集》、郭沫若的《女神》、朱自清等人的《雪朝》以及许多新诗集进行了全盘否定，用词也非常极端，如"不佳""不是诗""未成熟的作品"等。鲁迅读到这篇文章后，专门写了一篇《"说不出"》的文章，相当尖锐地批评了周灵均这种武断的作风，认为他是"提起一支屠城的笔，扫荡了文坛上一切野草"，还举了例子，说"看客在戏台下喝倒采，食客在膳堂里发飙，伶人厨子，无嘴可开，只能怪自己没本领。但若看客开口一唱戏，食客动手一做菜，可就难说了"，批判了这种恶劣的批评倾向。

更重要的是，在鲁迅为朱自清等人说话的一年之后的一次同桌聚饮。1926年暑假期间，朱自清回浙江上虞白马湖家中度夏，经常到上海会见老朋友。如6月29日，朱自清还没到家，就在上海接受了老朋友叶圣陶、王伯祥、胡愈之、郑振铎、周予同等人的邀宴，餐后还去冷饮店吃冷饮。7月1日，在临时居住的二洋桥平安旅社接待了来访的叶圣陶、王伯祥、刘大白、任中敏等人，谈话后，又去南京路王宝和喝酒。7月3日下午，陪叶圣陶、王伯祥到上海大戏院看电影《美健真诠》。7月4日和叶圣陶、王伯祥、胡愈之、郑振铎、孙伏园和四妹玉华等人去游览了公园。在上海逗留了六七天，才回到白马湖的家中。暑假要结束即将返京时，又于8月29日来到上海，当天就访问了叶圣陶。正是在和叶圣陶的这次会见中，朱自清得以有机会在第二天参加了一场重要的宴会，就是消闲别墅那次公宴——几乎和朱自清同时到上海的鲁迅，因赴厦门大学文科教授途经上海作短暂逗留，在上海的文学研究会同人得知后，决定设宴招待鲁迅。但据王伯祥日记云："公宴鲁迅于消闲别墅，兼为佩弦饯行。佩弦昨由白马湖来，明后日将北行也。"王伯祥日记说明，这次宴会含有为鲁迅接风和为朱自清饯行两层意思。出席这次公宴的，还有郑振铎、刘大白、夏丏尊、陈望道、沈雁冰、胡愈之、叶圣陶、王伯祥、周同予、章锡琛、刘薰宇、刘叔琴、周建人等。能凑齐这个阵容，恐怕也就鲁迅能有这个号召力吧。《鲁迅日记》1926年8月30日记曰："下午得郑振铎柬招饮，与三弟至中洋茶楼饮茗，晚至消闲别墅夜饭……"此时的鲁迅心情较为复杂，"三一八"惨案后，鲁迅发表了《淡淡的血痕中》《一觉》等一系列文章，抗议了北洋政府的暴行，并称3月18日那天为"民国以来最黑暗的一天"，为此遭到当局的通缉，他辗转避难于山本医院、德国医院、法国医院等地，5月才能回家，7月间，每天去中央公园和齐宗颐一起翻译《小约翰》，算是做了点工作。但显然，北京不宜再待下去了。他在《朝花夕拾》的前言里说到那段生活时，用了"流离"一词，写作也是在"医院和木匠房"里。能和这么多朋友聚餐于上海，也是一种宽慰了。朱自清能在这样一个特殊的时候,和鲁迅邂逅于宴席中,双方印象应该都很深。这里略作补充一点,朱自清在上海,和叶圣陶等文人相聚甚欢,在北京,同样也能和京派文人打成一片,比如他曾多次赴周作人、吴宓、顾颉刚、钱玄同、刘半农等人的聚餐、游览等活动。这里有几个例子可举——就在朱自清邀请鲁迅演讲被拒的前后,如1929年1月12日,应周作人邀请,到八道湾周宅赴宴,欢迎罗家伦就任清华大学校长,同席的除朱、周、罗外,还有俞平伯、钱玄同、冯友兰、杨振声、徐祖正、张凤举、刘廷芳等人。1929年5月18日晚,赴周作人在周宅的邀宴,在座的有傅斯年、钱玄同、刘半农、俞平伯、马裕藻、马衡等人。1929年1月间,加入了以吴宓、赵万里等人为主的《大公报》撰稿者之列,这一年的5月间,和白荻舟、顾颉刚、魏建功等人到妙峰山调查民俗,等等。就在鲁迅到北京的前一个月(1932年10月8日),朱自清还亲自于东兴楼设宴,请周作人、黄节、杨振声、徐霞村等人吃饭,朱自清当日的日记云:"饮酒兴致颇佳。"不妨说说鲁迅和顾颉刚的关系,鲁迅从北京取道上海到达厦门大学的时候,顾颉刚也在厦大任教授,顾氏因说鲁迅的《中国小说史略》是抄袭日本人的《支那文学概论讲话》,引起了鲁迅的愤怒。顾氏又把他的发现告诉了陈源,陈源写文章公开了此事,鲁迅和陈源开始了一场笔战。直到《且介亭杂文二集》出版的时候,鲁迅还在后记里说:"当一九二六年时,陈源即西滢教授,曾在北京公开对于我的人身攻击,说我的这一部著作,是窃取盐谷温教授的《支那文学概论讲话》里面的'小说'一部分的;《闲话》里的所谓'整大段的剽窃',指的也是我。现在盐谷温教授的书早有中译,我的也有了日译,两国的读者,有目共见,有谁指出我的'剽窃'来呢?"不过,鲁迅在《不是信》一文中,对这段公案有所说明:"盐谷氏的书,确是我的参考书之一,我的《小说史略》二十八篇的第二篇,是根据它的,还有论《红楼梦》的几点和一张'贾氏系图',也是根据它的,但不过是大意,次序和意见就很不同。"这事一直让鲁迅耿耿于怀,一生都没有放过陈源和顾颉刚,在不少文章里对他俩大加讥讽。而朱自清和鲁迅反感的人或反感的人的学生来往密切,这是否也是鲁迅拒绝朱自清邀请演讲的一个理由呢?因没有文字记载,一切只是推测了。

值得一说的还有一事,1932年8月,朱自清结束为期一年的欧洲之行,回到上海,和陈竹隐女士结婚,并在上海杏花楼订桌请客,在邀请嘉宾的名单里,没有鲁迅。朱自清在8月4日的日记云:"晤天縻、延陵诸老友。大醉不省人事。"王伯祥日记记载了那天的婚礼,到场的嘉宾有:"互生、惠群、克标、载良、承法、薰宇、熙先等。"陈竹隐在《追忆朱自清》里也说到,那天的婚宴邀请的嘉宾"有茅盾、叶圣陶、丰子恺等人"。朱自清度蜜月在上海,没有去拜访鲁迅,说明朱自清和鲁迅虽然有亲戚关系,但并无多少交往。从这些蛛丝马迹中透露的信息看,鲁迅不愿意接受朱自清的邀请,似乎有点眉目了。

但此种说法似乎并不成立,未免低看了鲁迅。因为鲁迅的好朋友郑振铎更是和上海北京多方面的文化人都有往来,而鲁迅和郑的关系一直保持很好。1933年4月22日,郑振铎在北京为扩大左联刊物《文学杂志》的影响,特意在东兴楼设宴组稿,朱自清就在受邀之列。同时接受邀请的,还有顾颉刚、陈受颐、许地山、魏建功、严既澄、郭绍虞、俞平伯、扬振文、赵万里等人，朱自清在当天日记中还有"余允作一文"的话。第二天，朱自清又赴北海五龙亭，出席《文学杂志》社茶话会，这是左联北京支部为团结北京文艺界、扩大杂志影响而举行的文艺茶话会。在会上，朱自清对文艺工作如何开展，谈了自己的看法，表示愿意同杂志社合作。参加这次茶话会的，还有郑振铎、范文澜等文艺界人士。会后，北京左联负责人之一的王志之给鲁迅写了一封信，汇报了此次茶话会的成果，鲁迅看信后很满意，并高兴地说："郑朱皆合作，甚好。"（鲁迅1933年5月10日《致王志之》，《鲁迅全集》第十二卷，人民文学出版社1981年版。）此事离朱自清邀请鲁迅演讲被拒不过五个月时间，因此，说鲁迅对朱自清个人有什么成见，并没有令人可信的依据。

1935年1月5日，在北京和天津同时产生很大影响的"全国木刻联合展览会"，在北京太庙举行。朱自清在当天的日记中，对木刻展谈了自己的心得："青年艺术家们对工农业颇有好感。我对此种艺术并不熟悉，故不太会欣赏。不过在展览会上有机会读到比利时人梅塞里尔（Masereel）1889（？）——的四部著作，每部作品前都有序，我读了这四篇序言后，对木刻总算有了些印象。序言中说以白线条代替黑线条，这种艺术效果和手法是英国人倍威克（Bewick）（1753—1828）的创造，而梅塞里尔的作品中受此影响是明显的。"需要说明的是，这次木刻展览，和鲁迅有很大关系。鲁迅在晚年大力推广木刻版画，尤其对青年版画家，更是倾力提携，还经常和青年木刻家座谈、交流，他本人也收藏了不少木刻作品。这次木刻展，虽由平津木刻研究会金肇野、唐诃、许仑英等发起主办,却得到了鲁迅和郑振铎的大力支持,更为重要的是,第三展室西洋现代版画由鲁迅所选(第二展室中国古代木刻及图书由郑振铎所选)。在当时,鲁迅和郑振铎可以说是这方面的专家,在木刻收藏和推广方面起着导师的作用。对于这次大规模的展览,报纸上肯定发布了消息,朋友间大约也有议论。朱自清原本就兴趣较广,经常参加多类艺术活动,仅在这次"全国木刻联合展览会"前后,就有数次。如在1934年9月9日,他就进城观看了苏州社画展,并在当天的日记中,表示了对张大千兄弟的作品的喜欢,特别是对张大千的画,还发表了感想,认为"画面并不均匀和充实,留下很多让观众自己去想象的余地。色彩富有装饰性。看来艺术家喜欢浅蓝和红色。此两色淡雅肃穆,颇为突出。特别是后者,更为画家所好。唯一不足之处,是画中人物的单调,好像只有绅士和淑女似的,且女性形象健壮而不纤雅"。1934年10月29日,参加了哈丽特·蒙罗小姐的诗朗诵会,在当天的日记里特别记了一句"她已七十二岁了"。1934年11月4日,进城会晤了胡适后,又参观了N.P.L书画展览,此展览大部分是照片,并对感兴趣的作品开列了三幅,有"中世纪手稿的复制品""维也纳国家图书馆的壁画复制品""具有现代派建筑风格的瑞士国家图书馆照片"。这个月的18日,参观了中国戏剧展,对新增的一些乐器和剧本感兴趣。还在1934年12月7日观看了华光女校在北京饭店的歌舞演出,8日观看了易卜生话剧《娜拉》。在1935年1月13日,即和这次木刻展只相隔一个多星期,他又观看了朋友的油画,在当天的日记中评论说:"秦请我看他的油画,并告以如何欣赏色彩,甚难捉模。唯一使人一目了然的画,是一张美女像,用的是传统画法。他还给我看了他的钢笔画,无非是黑白对比的效果记录而已。"这个月的17日,在家听唱片《太平乐急》和《纳曾利》。当天的日记中说:"据说前者是唐代音乐,后者为朝鲜音乐。"20日下午赴朱光潜家,参加读书与文学讨论会,对李健吾扮演的一个迂腐气十足的旧官史,感到矛盾得可笑,对马小姐扮演摩登女郎,评价是"驾轻就熟,因为本人就是个摩登女郎"。28日日记云:"在国际艺术协会展览馆看到了溥心畲的画。他画的技巧可能不错,但内容似很空洞。"值得一提的还有在1935年4月5日,他在观看艺术学院展览时,在日记中所作的评论:"王雪涛的虫、草小画颇生动。齐白石的六幅画相当具有创造性,所画'柳枝莲荷'与'香蕉树',笔法雄浑有力,蜻蜓画得很细腻,我尚未见过像他这样处理的。画中之水使我印象尤深,波纹很凝重。'风景'是长条幅,在其下部画了一间茅舍,舍前有水塘,许多鸭子在其中游着,姿态各异,均系一笔画成。此外,在画的右角,他又画了两间屋子。这完全跳出传统手法,对此我将保留我的意见。"所以说,朱自清一直就是一个艺术欣赏者,他能专门进城去参观这次木刻展,更多的是他对艺术的喜爱,当然,也不排除是对鲁迅、郑振铎等人能够参与这样的活动的欣赏。

1936年9月26日,朱自清日记云:"访鲁迅太太,借二十元,为吉人婚事也。"吉人即朱吉人,是朱安的侄儿。这里的"借",有点语焉不详,不知是朱自清向鲁迅太太借,还是鲁迅太太向朱自清借。但不论如何的借,能开口借钱的,关系都应该不一般。据朱自清弟弟朱国华在回忆朱自清的文章中披露:"我家原是绍兴人氏，母亲周姓，与鲁迅同族。外祖父周明甫是有名的刑名师爷，曾在清朝以功授勋。周朱两姓门户相当，常有联姻，均为当地大族，鲁迅的原配夫人朱安，也是我家的远亲。"(《难以忘怀的往事》，《江苏文史资料第57辑·朱自清》，江苏文史资料编辑部1992年版)。

1936年10月19日，鲁迅逝世。当天，朱自清没有得到鲁迅逝世的消息，晚上在中国文学会开会，并写毕"伦敦杂记"之七的《博物院》，这篇文章费时半月之久。第二天，朱自清日记有"昨日鲁迅先生逝世"的记录，并说"吊慰鲁迅太太"，说明朱自清进城到阜成门的鲁迅家，参加了吊慰活动。24日，清华大学在同方部举行鲁迅追悼会，朱自清参加并作了演讲，据赵俪生在《鲁迅追悼会记》一文说："朱先生说鲁迅先生近几年的著作看的不多，不便发什么议论，于是就只说了几点印象。最后朱先生提到一点，那就是《狂人日记》中提到的一句话'救救孩子'，这句话在鲁迅不是一句空话，而是终生实行着的一句实话。在他的一生中，他始终帮忙青年人，所以在死后青年人也哀悼他。"这天的日记，朱自清还写道："闻一多以鲁迅比韩愈。韩氏当时经解被歪曲，故文体改革实属必要。"到了11月16日，朱自清再度进城，到鲁迅家访鲁迅夫人朱安。这一次来鲁迅家，身份略微有点变化，应该是以亲戚身份去的，带有慰问的成分，听朱安说了不少话。他在这天的日记中说，"承告以鲁迅一生所经之各种困难"。

从1940年暑假开始，朱自清休假一年。在成都度假期间，叶圣陶请他参与编辑《略读指导举隅》和《精读指导举隅》。

1940年10月下旬，朱自清为鲁迅的小说《药》写了指导大概，编入了《精读指导举隅》里。

时间一晃到了1946年11月，朱自清亦经历了西南联大九年的奔波回到北京，此时他已经是北京《新生报》副刊《语言与文学》的主编，此刊由余冠英具体负责编辑。朱自清在《语言与文学》上开有一专栏曰《周话》，不定期地发表文章，署名自清。11月8日这天，朱自清写了一篇"周话"，发表在11日出版的《语言与文学》第四期上。这篇文章主要是谈鲁迅的"中国语文观"的，不久后，在收入《标准与尺度》一书时，改标题为《鲁迅先生的中国语文观》。在鲁迅刚逝世的时候，有太多人写了关于鲁迅的悼念文章，包括朱自清的许多好友，如叶圣陶，从鲁迅逝世到12月1日，在极短的时间内，他就写作并发表了《鲁迅先生的精神》《挽鲁迅先生》《学习鲁迅先生的真诚态度》等文章，这当然是应该也是有必要的。直到十年以后，朱自清才有一篇短文问世，而且谈的是鲁迅的中国语文观。在这篇文章的开头就说："这里是就鲁迅先生的文章中论到中国语言文字的话，综合的加以说明，不参加自己意见。有些就钞他的原文，但是恕不一一加引号，也不注明出处。"这段"说明"看似略有霸气，实际上是对鲁迅先生的尊重，表明他是赞赏鲁迅先生的"语文观"的。大约一年后，即1947年10月15日，朱自清又写了一篇关于鲁迅的文章，即杂论《鲁迅先生的杂感》，这篇杂感是因朱自清讨论"百读不厌"而引发的。朱自清认为，"所谓'百读不厌'，注重趣味与快感，不适用于我们的现代文学，可是现代作品里也有引人'百读不厌'的"，那就是鲁迅先生的

《阿Q正传》。之所以《阿Q正传》让人"百读不厌",是引入了幽默,并且"这幽默是严肃的,不是油腔滑调的,更不只是为幽默而幽默"。在表明了这个意思后,朱自清才对鲁迅的杂文做出议论,认为鲁迅先生的贡献是,他的杂感也是诗,"这种诗的结晶在《野草》里'达到了那高峰'"。几天后的10月19日,朱自清参加在清华大学大礼堂举行的鲁迅逝世11周年纪念会,并作演讲,高度评价了鲁迅对中国文学的贡献。

2020年2月22日修订

鲁迅和周瘦鹃

　　凡欧美四十七家著作，国别计十有四，其中意、西、瑞典、荷兰、塞尔维亚，在中国皆属创见，所选亦多佳作。又每一篇署著者名氏，并附小像略传，用心颇为恳挚，不仅志在娱悦俗人之耳目，足为近来译事之光。唯诸篇似因陆续登载杂志，故体例未能统一。命题造语，又系用本国成语，原本固未尝有此，未免不诚。书中所收，以英国小说为最多；唯短篇小说，在英文学中，原少佳制，古尔斯密及兰姆之文，系杂著性质，于小说为不类。欧陆著作，则大抵以不易入手，故尚未能为相当之绍介；又况以国分类，而诸国不以种族次第，亦为小失。然当此淫佚文字充塞坊肆时，得此一书，俾读者知所谓哀情惨情之外，尚有更纯洁之作，则固亦昏夜之微光，鸡群之鸣鹤矣。

以上文字，是当年在教育部任职的鲁迅，审读了出版社送审的周瘦鹃《欧美名家短篇小说丛刊》后，和周作人协商后写的审读报告。这篇审读报告，最初发表于1917年11月30日《教育公报》第四年第十五期上。从这篇审读报告里，可以看出周氏兄弟对周瘦鹃这部翻译小说的看重。

周瘦鹃的《欧美名家短篇小说丛刊》于民国六年（1917年）作为"怀兰集丛书"之一种在上海中华书局出版，分上、中、下三卷，天笑生、天虚我生和钝根分别作了序言。天笑生在序言中肯定了周瘦鹃的文字"自有价值"。天虚我生更是对这部巨制不吝赞美之词。钝根在序中说到周瘦鹃爱读小说时，介绍他这位朋友境况是："室有厨，厨中皆小说。有案，案头皆小说。有床，床上皆小说。且以堆垛过高，床上之小说，尝于夜半崩坠，伤瘦鹃足，瘦鹃于是著名为小说迷。"可见周瘦鹃热爱小说的程度，也就不难理解他耗费一年多的时间，来翻译这部《丛刊》了。该书上卷曰"英吉利之部"，共收英国短篇小说十余篇；中卷分为"法兰西之部""美利坚之部"；下卷分"俄罗斯之部""德意志之部"等欧洲多国的短篇小说。而且几乎在每篇小说前，都有原作者小传。通过小传，大体能了解作者的生平和这部小说的写作背景，让读者能更好地理解小说。该书一经出版，影响很大，一时有"空谷足音"之誉，也给周瘦鹃带来很大的知名度。

不仅是鲁迅，周作人对周瘦鹃也非常欣赏。1953年3月由上海出版公司出版的周作人所著《鲁迅的故家》里，有一篇《周瘦鹃》的文章，文章不长，全文如下：

关于鲁迅与周瘦鹃的事情,以前曾经有人在报上说及。因为周君所译的《欧美小说译丛》三册,由出版书店送往教育部审定登记,批复甚为赞许,其时鲁迅在社会教育司任科长,这事就是他所办的。批语当初见过,已记不清了,大意对于周君采译英美以外的大陆作家的小说一点最为称赏,只是可惜不多,那时大概是民国六年夏天,《域外小说集》早已失败,不意在此书中看出类似的倾向,当不胜有空谷足音之感吧。鲁迅原来很希望他继续译下去,给新文学增加些力量,不知怎的后来周君不再见有著作出来了,直至文学研究会接编了《小说月报》,翻译欧陆特别是弱小民族作品的风气这才大兴,有许多重要的名著都介绍来到中国,但这已在五六年之后了。鲁迅自己译了很不少,如《小约翰》与《死魂灵》都很费气力,但有两三种作品,为他所最珍重,多年说要想翻译的,如芬兰乞食诗人丕威林太的短篇集,匈牙利革命诗人裴彖飞的唯一小说名叫"绞吏之绳"的,都是德国"勒克兰姆"丛刊本,终于未曾译出,也可以说是他未完的心愿吧(在《域外小说集》后面预告中似登有目录,哪一位有那两册初印本的可以一查)。这两种文学都不是欧语统系,实在太难了,中国如有人想读那些书的,也只好利用德文,英美对于弱小民族的文学不大注意,译本殆不可得。

在这篇文章里，周作人很明白地说明了当年周瘦鹃出版《欧美名家短篇小说丛刊》时，鲁迅对这部作品的看重，用"空谷足音"来赞美。不久后，周作人在另一篇文章《鲁迅与清末文坛》里再次提到这个事，说到鲁迅对清末民初上海文坛的印象："不重视乃是事实，虽然个别也有例外，有如周瘦鹃，便相当尊重，因为所译的《欧美小说丛刊》三册中，有一册是专收英美法以外各国的作品。这书在1917年出版，由中华书局送呈教育部审查注册，发到鲁迅手里去审查，他看了大为惊异……"鲁迅还把书稿"带回会馆来，同我会拟了一条称赞的评语，用部的名义发表了出去。据范烟桥的《中国小说史》中所记，那一册中计收俄国四篇，德国二篇，意大利、荷兰、西班牙、瑞士、丹麦、瑞典、匈牙利、塞尔维亚、芬兰各一篇，这在当时的确是不容易的事了"。

周作人在文章里所说的《欧美小说译丛》和《欧美小说丛刊》，就是周瘦鹃那本《欧美名家短篇小说丛刊》的简称。周瘦鹃的这部翻译作品，能受到鲁迅的赞誉，固然和鲁迅、周作人早年翻译的小说不成功有关系，主要的还是鲁迅有一颗公平公正、重视人才的心。确实，勤奋的周瘦鹃，在他二十多岁年纪就取得如此大的成就，配得上鲁迅的称赞。后来，他又把多年翻译的作品，经过整理，于1947年出版了《世界名家短篇小说全集》（全四册）。

周瘦鹃的写作，一出手就确定了他的创作方向，即适合市民大众阶层阅读的通俗文学。他发表的第一篇作品《落花怨》（1911年6月11日出版的《妇女时报》创刊号），就带有浓郁的市井小说的味儿，而同年在著名的《小说月报》上连载的八幕话剧《爱之花》，同样走的是通俗文学的路子，迎合了早期上海市民大众的阅读"口感"，同时也形成了他一生的创作风格。继《爱之花》之后，他的创作成了"井喷"之势，创作、翻译同时并举，许多大小报刊上都有他的作品发表，一时成为上海市民文化阶层的"闻人"，受到几代读者的欢迎。纵观他的小说创作，著名学者范伯群先生给其大致分为"社会讽喻""爱国图强""言情婚姻"和"家庭伦理"四大类。"社会讽喻"类的代表作有《最后之铜元》《血》《十年守寡》《挑夫之肩》《对邻的小楼》《照相馆前的疯人》《烛影摇红》等；"爱国图强"类的代表作有《落花怨》《行再相见》《为国牺牲》《亡国奴家里的燕子》等；"言情婚姻"类的代表作有《真假爱情》《恨不相逢未嫁时》《此恨绵绵无绝期》《千钧一发》《良心》《留声机片》《喜相逢》《两度火车中》《旧恨》《柳色黄》《辛先生的心》等；"家庭伦理"类的代表作有《噫之尾声》《珠珠日记》《试探》《九华帐里》《先父的遗像》《大水中》等。他的这些成就的取得，不仅在大众读者的心目中影响深远，也受到了鲁迅等人的肯定。1936年10月，鲁迅等人号召成立文艺界抗日民族统一战线，周瘦鹃作为通俗文学的代表，也被鲁迅列名参加。周瘦鹃在《一瓣心香拜鲁迅》中还深情地说："抗日战争初起时，鲁迅先生等发起文化工作者联合战线，共御外侮，曾派人来要我签名参加，听说人选极严，而居然垂青于我。鲁迅先生对我的看法的确很好，怎的不使我深深地感激呢！"除翻译和创作通俗小说而外，周瘦鹃还创作了大量的散文小品。他的散文小品题材广泛，行文驳杂，有花草树木、园艺盆景、编辑手记、序跋题识、艺界交谊、影评戏评、时评杂感、书信日记等，涉及社会生活的多个方面。此外，周瘦鹃还是一位成就卓著的编辑出版家，前半生参与多家报刊的创刊和编辑工作，著名的有《礼拜六》《紫罗兰》《半月》《紫兰花片》《乐园日报》《良友》《自由谈》《春秋》《上海画报》《紫葡萄画报》等，有的是主编，有的是主持，有的是编辑，有的是特约撰述。据统计，在1925年到1926年的某一段时间内，他同时担任五种杂志的主编，成了名副其实的名编。另外，他还写作了大量的古典诗词，著名的有《记得词》一百首、《无题》前八首和《无题》后八首等。

周瘦鹃一生从事文艺活动，集创、编、译于一身。在创作方面，又以散文成就最大，其中的"花木小品""山水游记""民俗掌故"被范伯群称为"三绝"（见范伯群著《周瘦鹃论》）。而"三绝"之中，尤其对"花木小品"更是情有独钟，不仅写了大量的随笔小品，还成为闻名天下的盆景制作的实践者。据他在文章中透露，早在20世纪20年代末期，他就在苏州王长河头买了一户人家的旧宅，将其扩展成了一个小型私家园林。从此苏州、上海两地，都成了他的活动基地，在上海编报刊、搞创作，在苏州制作盆栽、盆景。而早年在上海选购花木盆栽的有关书籍时，还曾巧遇过鲁迅。在《悼念鲁迅先生》一文中，他透露说："记得三十余年前的某一个春天，一抹斜阳黄澄澄地照着上海虹口施高塔路（即今之山阴路）口一家日本小书店，照在书店后半间一张矮矮的小圆桌上，照见桌旁藤靠椅上坐着一位须眉漆黑的中年人，他那瘦削的长方脸上，满带着一种刚毅而沉着的神情。他的近旁坐着一个日本人，堆着满面的笑正在说话。这书店是当时颇颇有名的内山书店,那日本人就是店主内山完造,而那位中年人呢,我一瞧就知道正是我所仰慕已久的鲁迅先生。"买有关盆栽的书而邂逅鲁迅先生,周瘦鹃自称是"三生有幸",而此时,他还不知道鲁迅曾经大加赞赏过他的《欧美名家短篇小说丛刊》。

鲁迅幼年及青年时就喜爱花草树木,据周建人在《略讲关于鲁迅的事情》中,有这样的记录:鲁迅"空闲时也种花,有若干种月季,以及石竹、文竹、郁李、映山红等,因此又看或抄讲种花的书,如《花镜》,便是他常看的。"在另一篇《鲁迅故家的败落》中,又说少年鲁迅"种的有映山红、石竹、盆竹、老勿大、万年青、银边八年青、黄杨、栀子、佛拳、巧角荷花、雨过天青、羽壬装、大金黄、芸香、蝴蝶花、吉祥草、萱花、金钱石菖蒲、荷花、夜娇娇、鸡冠花、凤仙花、茑萝等等。草花每年收籽,用纸包成方包,写上名称,藏起来,明年再种,并且分类,定名称"。从这些花名中可以看出,鲁迅小时候的爱花,确实是真爱。所以,从日本留学回国时,他还带回一棵水野栀子树,栽在自家的后院里。后来在北京、广州等地工作,也偶尔玩过盆景,他在散文集《朝花夕拾·小引》里,有这样一段话:"广州的天气热得真早,夕阳从西窗射入,逼得人只能勉强穿一件单衣。书桌上的一盆'水横枝',是我先前没有见过的:就是一段树,只要浸在水中,枝叶便青葱得可爱。看看绿叶,编编旧稿,总算也在做一点事。"这个"水横枝",就是盆栽之一种。鲁迅年轻的时候,动手抄过《南方草木状》《竹谱》《何首乌录》《洛阳牡丹记》等花木古籍,还打算编一本《西湖植物志》,在《从百草园到三味书屋》里,也描写过他家后园里的许多植物,皂荚树、桑葚、何首乌、木莲、覆盆子等,对何首乌和木莲有这样的描述:"何首乌藤和木莲藤缠络着,木莲有莲房一般的果实,何首乌有拥(臃)肿的根。"《集外集拾遗补编》一书中,有一篇记游小品《辛亥游录》,文中也写到了不少植物,如一叶兰、野菰等,其中有一段关于海州常山的描写极为生动:"沿堤有木,其叶如桑,其华五出,筒状而薄赤,有微香,碎之则臭,殆海州常山类欤?"如果当时周瘦鹃能够和鲁迅相识,或许也会讨论一下盆栽制作或草木花卉也未可知啊。

1949年以后,周瘦鹃定居苏州,并自称苏州人,把全部的精力都投入盆栽、盆景的制作中去,在《花花草草·前记》中,他写道:"我是一个特别爱好花草的人,一天二十四小时,除了睡眠七八小时和出席各种会议或动笔写写文章以外,大半的时间,都为了花草而忙着。古诗人曾有'一年无事为花忙'之句,而我却即使有事,也依然要设法分出时间来,为花而忙的。"在忙花忙草忙盆景的同时,他的作品也越写越多,大部分都是和花草树木有关的小品散文,这方面的文章,也是他一生创作的重要部分。1955年6月,他在通俗文艺出版社出版了一本《花前琐记》,首印10000册,共收以种花植树盆栽为主的小品随笔37篇。1956年9月,在上海文化出版社出版了《花花草草》,收文35篇,首印20000册。1956年12月,又在江苏人民出版社出版了《花前续记》,收文38篇。1958年1月,在江苏人民出版社出版了《花前新记》,收文40篇,附录1篇,首印6000册。1962年11月,在江苏人民出版社出版了《行云集》,收文19篇,附录1篇,1985年1月第二次印刷时又加印4000册。1964年3月,香港上海书局出版了《花弄影集》，1977年7月再版。1995年5月，是周瘦鹃一百周年诞辰，新华出版社出版了周瘦鹃的小女儿周全整理的《姑苏书简》，收文59篇，首印3000册。该书收录周瘦鹃1962年至1966年在香港《文汇报》开辟的《姑苏书简》专栏发表的文章，书名由著名民主人士雷洁琼题写，邓伟志、贾植芳分别作了序言，周全女士的文章《我的父亲》一文附在书末。

周瘦鹃一生钟情"紫罗兰"（周吟萍），他们的恋情要从周瘦鹃在民立中学任教时说起：在一次到务本女校观看演出时，周瘦鹃对参与演出的少女周吟萍产生了爱慕之情，在书信往还中，开始热恋。但周吟萍出身大户人家，其父母坚决反对他们的恋爱，加上女方自幼定有婚约，使他们有情人无法成为眷属。周瘦鹃苦苦相恋，使他"一生低首紫罗兰"，并为其写了无数诗词文章，《紫罗兰》《紫兰花片》等杂志、小品集《紫兰芽》《紫兰小谱》和苏州园居"紫兰小筑"、书室"紫罗兰盦"、园中叠石"紫兰台"等，都是这场苦恋的产物。《爱的供状》和《记得词》一百首，更是这场恋情的心血之作。这套8本的"周瘦鹃自编精品集"，依据的就是上述各书的版本。另外，《姑苏书简》和《爱的供状》虽然不是作者生前"自编"，但也出自作者的创作，为统一格式，也权当"自编"论，这是需要向读者说明的。

2018年5月18日于燕郊

（本文是为"周瘦鹃自编精品集"写的代跋，收入该书时略作修改。该书由广陵书社2019年1月出版。）

鲁迅和增田涉

1932年12月2日,《鲁迅日记》云:"作送增田涉君归国诗一首并写讫,诗云:'扶桑正是秋光好,枫叶如丹照嫩寒。却折垂杨送归客,心随东棹忆华年。'"

增田涉是日本年轻的中国文学研究者,日本岛根县人,1903年出生于濒临日本海的一个叫鹿岛的小镇上。增田涉在读大学期间,就热爱中国古典文学,爱画中国画。据《光明日报》2020年8月14日13版刘德有的文章《鲁迅与日本学者增田涉的交谊》一文透露,增田涉于1926年在东京大学文学部读书时,"有一位叫盐谷温的先生教中国小说史。这位先生以前出版过一本《支那文学概论讲话》。他以这本书为底本,放在讲台上给学生讲课。可是,一段时期过后,这位先生讲起了大家从未听过的内容。大家都感到纳闷。有一天老师给他们看了一本书,说这就是讲课内容的蓝本。这本书就是鲁迅的《中国小说史略》"。

这是1976年3月,作者刘德有作为驻日本新华社记者采访增田涉时，增田涉告诉他的。

刘德有也热心于中日文化交流，年轻时就买过1938年6月出版的《中国小说史略》日文本，作者正是增田涉，对这位热衷中日文化交流的日本友人有着深刻的印象。刘德有在日本期间，曾两次拜访过增田涉。1976年3月的这一次，交流特别多，自然也说到了增田涉和鲁迅的友谊。据刘德有文章介绍，一提到鲁迅，增田涉就立即陷入深深的回忆当中，向刘德有讲述了许多和鲁迅交往的往事。增田涉说："那是50多年前的事，和现在不一样，日本国内几乎没人知道鲁迅的名字。""我当时是个文学青年，对现代的中国作家多少有些关心，像鲁迅的《呐喊》《彷徨》等买是买了，但很难读懂。因为这些作品和古文不一样，不理解现代汉语就看不懂。当时的大学虽有中国文学科，但现代汉语不是必修科目。由于这些原因，我只是模模糊糊地知道鲁迅的名字，知道他是《中国小说史略》的作者。但对于作家、文学家鲁迅不甚了解。"

从刘德有的文章中还得知，增田涉大学毕业后没有马上就业。"因为在读高中时就很崇拜小说家佐藤春夫，曾给他写过信，还见过他，因此毕业后便到他那里去帮忙翻译中国小说，兼做搜集资料的工作。当时以佐藤春夫名义发表的许多翻译小说，实际上的译者是增田涉。在佐藤春夫处的工作告一段落后，增田心想自己是专门学习和研究中国文学的，虽然没有什么明确的目的，却很想到中国去看看。他在父亲的资助下，决心去上海，他觉得上海在当时的中国是最有魅力的城市。"

就这样，增田涉于1931年3月从日本出发，4月初来到上海。

刘德有的文章写道：增田涉"带了佐藤春夫写给内山完造的介绍信。佐藤春夫以前到中国时认识了在上海开书店的内山完造。增田到上海后，内山完造对他说，鲁迅先生在上海，你要搞中国文学，可以跟鲁迅先生学到很多东西。"增田涉一听，大喜过望。在内山完造的牵线下，鲁迅和增田涉有了第一次见面。刘德有继续写道："增田回忆说，内山完造告诉他，鲁迅先生几乎每天下午一点钟左右到书店来。第二天，他瞅准了这个时间跑去，见到了鲁迅先生。然而，第一次见面的情形，一点也记不起来了。第二天又在内山书店见面时，鲁迅送给他一本《朝花夕拾》，并说要想了解中国的情况，先看看这本书。增田在宿舍里读了《朝花夕拾》，第二天到内山书店跟鲁迅见面，把不明白的地方提出来。后来鲁迅又送给他一本散文诗《野草》。那时，他还不能完全理解内容，但感受到鲁迅对旧中国强烈的愤怒之情。那时，增田28岁，鲁迅51岁。"

内山完造生于1885年，1913年来到上海，在上海居住30多年。他热爱中国，喜爱中国文化，创作有《上海漫语》《上海夜话》《上海风雨》《上海霖语》等作品。1917年，内山完造以夫人美喜子的名义在北四川路余庆坊弄口旁魏盛里（现四川北路1881弄）开设内山书店，1929年迁至北四川路的施高塔路（今山阴路）11号。鲁迅于1927年入住施高塔路的大陆新村，两人相距不远。鲁迅因去内山书店买书，和内山完造相识，开始了长达九年多的友谊，特别是从1932年起，内山书店成了鲁迅作品的发行代理商，代售鲁迅自费出版的《毁灭》等书籍，两人的友谊更加地深厚。即便是再次搬家，也离内山书店不远。内山书店不仅卖书，也做培训、开办夜校、举办版画展览等活动，团结了不少进步文化人，特别是从1923年起，内山书店渐渐成为中日文化人士的谈话场所，内山取名为"漫会"。鲁迅和内山完造相识并成为好友后，也来参加这样的"漫会"（鲁迅称"漫谈会"），并且很快成为"漫会"的主要谈话者。

所谓"漫会"，有点类似于中国的"清谈"，据唐翼明在《清谈与文会——魏晋南北朝时代学术与文学传播的新方式》一文中所说："清谈起源于汉末太学里的'游谈'之风。"此后约四百年间，"清谈一直是当时知识分子中最流行的、最普遍的一种学术活动与智力游戏"。在魏晋南北朝时代，"学术借清谈而传播而普及的深度与广度都远远超过学校系统"。此风传到日本后，也被日本人继承了下来。内山完造是个中国通，在自己的书店里搞清谈，能够团结上层知识分子，不仅提高书店的知名度，也可促进图书的销售。只不过，他给这样的清谈起了个日本式的名字。

鲁迅和增田涉的相识，据刘德有《鲁迅与日本学者增田涉的交谊》一文所讲，就是在"漫会"上。文章继续讲述道："每日见面大约持续了一个星期。有一天，鲁迅主动邀请增田到他家里去。增田说：'从这时起，我就每天到离内山书店不远的先生寓所去。一般都是下午一点钟左右在内山书店碰面，跟其他人闲聊一会儿，然后两个人一块儿上先生的家。鲁迅和我并坐在书桌前，给我讲解《中国小说史略》。我用日语逐字逐句地译读，遇到疑难问题译不下去时，鲁迅就用熟练的日语给我讲述和解答。我边听边做笔记。我提的问题不单单是词句，也包括内容和当时的社会状况，涉及当时中国发生的各种事情.'说到这里，增田兴致勃勃地拿出他珍藏多年的《中国小说史略》1930年修订本的底稿本。在这本1923年的初版铅印的原本上，鲁迅用毛笔增删了多处，并且在第1页上有鲁迅为修订本写的《题记》手稿。鲁迅给增田讲解时使用的就是这个底稿本。鲁迅向增田讲完全书后，就把这个底稿本赠给了他。"增田涉每天从下午两点左右到四五点钟，和鲁迅一起工作大约三个小时，一直持续三个月之久，两个人的交谊也更加深厚了。"这时，增田浸沉在往事的回忆中。他继续说：'那时，鲁迅家几乎没有什么客人。海婴由保姆抱出去玩。夫人许广平有时伏案抄写什么或者做针线活。有时，许广平先生来给我们沏茶、送点心，我们就休息一会儿。在休息的时候，随便谈谈时事问题，我也问一些文学界的情况。有时时间太晚，先生总是说，今天有几样什么菜，一块儿吃饭吧。一个星期平均要请我吃两顿晚饭。有时，鲁迅还带我去看电影和展览会。'"

《中国小说史略》的日文稿，在鲁迅和增田涉的共同努力下，于1931年7月17日完成了初期工作，《鲁迅日记》记载曰："十七日晴。下午为增田君讲《中国小说史略》毕。"

增田涉在上海又勾留了一段时间，在继续和鲁迅交往、认真研读了《呐喊》《彷徨》等鲁迅著作的同时，对上海的文化界也颇感兴趣，结识了一些文化界进步人士，最后于1931年12月，辞别鲁迅，返回日本。本文开头的那首诗，就是鲁迅赠送他的礼物之一。

回国后的增田涉，开始着手整理、翻译《中国小说史略》，还参与翻译中国现代文学的活动,并选编《鲁迅选集》,同时也关心上海文艺界的情况。并和鲁迅开始了通信,向鲁迅了解中国文艺界的情况,在翻译《中国小说史略》过程中,虽然前期和鲁迅一起解决了许多问题,但还是遇到许多疑点难点,他也写信询问鲁迅,而鲁迅也十分盼望这本书能早日与日本读者见面,便在回信中尽量详细地给予他帮助。

鲁迅给增田涉的第一封回信是1932年1月5日。开头就说:"年前来信,早已拜悉。"这说明增田涉一回到日本,就给鲁迅写信了。第二封回信是在同年同月的16日。这两封信只是闲聊,大约和在内山书店的"漫会"所谈差不多,但有一段话特别有意思:"我想你还是到东京去写作好,即使是胡乱写写也好,因为不乱写就不能有所成就。等到有所成就以后,再把乱写的东西改正就好了。"这段关于写作的"经验"之谈到现在也不过时。当然这里的"乱"就看如何理解了。

在1932年7月18日信中,鲁迅还谈到了"漫谈会":"内山书店的漫谈会少了,对手也不多,似乎连漫谈也不景气,被大炮轰散了。"这里的"大炮轰散"是指1932年1月28日日本军国主义进犯上海,史称"一·二八事变"。而漫谈确实是要有对手的,如果"三观"不一样,那就是话不投机半句多了。

1932年10月2日和11月7日的两封回信谈到了日本翻译家、改造社社员井上红梅翻译鲁迅小说的事,鲁迅并不以为然,信中说:"井上红梅翻译拙作,我也感到意外,他和我并不同道。但他要译,也是无可如何。近来看到他的大作《酒、鸦片、麻将》,更令人慨叹。然书已译出,只好如此。今日拜读《改造》

刊登的广告，作者（指鲁迅自己）被吹得很了不起，也是应予慨叹的。"又说："我感到《小说史略》也是很危险的。"井上红梅精通汉语，长期在中国活动，研究中国风情民俗，写作了《中华万花镜》等书，也翻译了《鲁迅全集》（只收《呐喊》和《彷徨》）。但鲁迅对他评价不高，从这封信中也可以看出，鲁迅自称和他"不同道"，对他的翻译也是"无可如何"和"只好如此"，并"令人慨叹"，颇感无奈之意。但是，事实上，井上红梅还是很尊重鲁迅的，1934年采访去日本访问的周作人时，虽然周作人的回答语气中略有不耐烦之意，但是，在涉及鲁迅问答时，还是客观公允的，谈到鲁迅的创作，周作人答道："家兄加入左翼作家联盟之后，在文学理论研究方面下了很大功夫，但创作方面基本没有拿出什么东西。"周作人又问井上红梅对鲁迅怎么看。井上红梅答道："在《文学》上读到了他的《我的种痘》，和《呐喊》《彷徨》时代相比风格基本上没有变化。鲁迅的小说揭露的旧社会的痼疾，展示了中世纪的社会形态在新文化冲击下急剧变化、统治者和被统治者同样在半信半疑中徘徊的景象。这一点好像是最受一般人欢迎的。不过，实际上，鲁迅小说耐人寻味的地方是对旧社会作富于同情的描写，在揭露社会痼疾的同时对社会怀有莫大的关心。我觉得，也许正因为如此，他才没有流于其他作家的干瘪与枯燥，而能写出艺术蕴含丰富的作品。"周作人和井上红梅的谈话，都是对鲁迅持肯定的态度。此外，鲁迅第一次在和增田涉的通信中提到了《中国小说史略》一书，并对在日本出版发行的前景表示"危险"。

到了1932年的12月19日，鲁迅在给增田涉的信中，再一次提到了《鲁迅全集》，鲁迅说："井上氏所译的《鲁迅全集》已出版，送到上海来了。译者也赠我一册。但略一翻阅，颇惊其误译之多，他似未参照你和佐藤先生所译的。我觉得那种做法，实在太荒唐了。"看来井上的翻译确实令鲁迅感到不满，甚至是"太荒唐了"，直至在以后的通信中，还不时地提到，如1933年3月1日信中，对于上海有人要翻译佐藤的作品，鲁迅不无担忧地说："我想佐藤先生的作品，倘由他翻译，其不幸怕在我遇到井上红梅之上罢。"

在这天的信中，还提到一个重量级人物，他就是萧伯纳。鲁迅说："萧伯纳到了上海，引起一阵骚动。改造社特派木村毅先生来沪，大概写了很多文章罢。改造社准备出个特刊。不过在我和木村先生未去前，萧已与宋庆龄女士（孙逸仙夫人）谈了许多话，记录将在三月号《论语》（上海的幽默杂志，其实并不幽默）上刊载，出版后当即奉寄。请去问一下改造社，由你译出登在他们的特刊上，如何？"萧伯纳是爱尔兰人，戏剧作家，1925年获诺贝尔文学奖，他能到上海来，当然引起"骚动"了，据戏剧家洪深在《迎萧灰鼻记》一文中透露：他受一家团体（中国戏剧及电影文化团体）、一家报社（《时事新报》）委托前往迎接并采访萧伯纳，没想到他于2月16日下午跑到码头上，"向昌兴轮船公司打听了四次，小火轮几时开出；四次所得到的答复，都不相同"，"昌兴公司的主持人说，今天至少拒绝了二百个新闻记者，因为萧老先生怕麻烦，所以一切闲杂人等，船长命令不许登舟。我想蛮干一下，我说：'我上了小火轮，你未必能把我推下水去。'外国人说：'我至少可以把你推上岸去。'"另外，贾植芳创作的《我的狱友邵洵美》一文中,也有个情节说明了当时的"骚动",邵洵美预感到自己来日无多,心里有两件事搁不下,便委托贾植芳,有机会要为他写篇文章,帮他澄清两件事,贾植芳在文中写了他的两个请求:"其一,一九三三年英国作家萧伯纳来上海,是以中国笔会的名义邀请的。邵洵美是世界笔会中国分会的秘书,萧伯纳不吃荤,吃素,他就在南京路上的'功德林'摆了一桌素菜,花了四十六块银圆,是邵洵美自己出的钱。因为世界笔会只是个名义,并没有经费。但是后来,大小报纸报道,说萧伯纳来上海,吃饭的有蔡元培、宋庆龄、鲁迅、林语堂……就是没有写他。他说:'你得帮我补写声明一下。''还有一个事,就是鲁迅先生听信谣言,说我有钱,我的文章都不是我写的,像清朝花钱买官一样'捐班',是我雇人写的。我的文章虽然写得不好,但不是叫人代写的,是我自己写的。'他的嘱托我记住了。"以上两件事,都是阎晶明在《鲁迅还在》一文中引用的。根据各方文章汇总的信息,在《鲁迅还在》一书中,阎晶明继续写道:萧原是不准备下船的,但在宋庆龄的劝说下,同意进入上海市区,便改乘小火轮,"来到了位于杨树浦的码头,萧、宋、杨等人上岸,那一堆还在等候的记者应该没有得到采访和拍照的机会吧,至今我们没有看到名人登岸的照片。萧、宋、杨等'先赴外白渡桥理查饭店与同时来沪各游历团团员相见,稍作寒暄'(《宋庆龄年谱》第四百八十九页)……接着又驱车去了亚尔培路(今陕西南路)三三一号,在那里拜访中央研究院院长蔡元培。那一定又是一通有趣的寒暄。接着又是坐汽车,这回是莫里哀路二十九号(今香山路七号)宋庆龄的居所举行欢迎宴会。离开蔡元培办公地的同时，另一辆汽车也同时出发，去接鲁迅先生直赴宋宅。大家坐定已是正午十二点，大约一个小时后的一点钟，鲁迅赶到了，看到大家正在吃素餐。桌上应该已经坐了七个人，他们是萧伯纳、蔡元培、杨杏佛、林语堂、伊罗生、史沫特莱以及主人宋庆龄。鲁迅加入后，八人共餐"。

这次聚餐之后，鲁迅开始写作和萧伯纳有关的文章，计有：《看萧和"看萧的人们"记》，发表在1933年4月号的《改造》杂志上；《萧伯纳颂》，发表于1933年2月18日《申报自由谈》上，署名何家干；《谁的矛盾》，发表于1933年3月《论语》第十二期上；另外还为《萧伯纳在上海》一书作了序。也就是说，在鲁迅给增田涉写信的前后，鲁迅有四篇文章是关于萧伯纳的。鲁迅显然很看重这次萧伯纳的来访，不仅对改造社派木村毅来采访表示欣赏，还建议增田涉把发表在《论语》上的文章翻译成日文发表在日本的《改造》特刊上。

1933年5月20日信，再次谈到《中国小说史略》。可能是出版遇到困难，鲁迅在信中说："我暂时仍住上海，《小说史略》如难以出版，就算了罢，如何？此书已旧，日本当前似亦并不需要这类书。"但是，一个多月以后的6月25日，鲁迅又在信中有多条关于《中国小说史略》问题的答问，可能是鲁迅得到《中国小说史略》出版的确切回复。可见鲁迅和增田涉都对这本书的重视。到了1933年9月24日，鲁迅还不无担忧地说："现在出版《小说史略》，不会落在时代后头吗？"然而鲁迅的担忧显然是多余的，此后的几封信里，都解答了增田涉来信提到的相关问题，而且非常详细，非常认真，比如1933年11月13日信中说："因手头没有《隋书》,'焚草之变'不能确说。借书查明后,今天才将答复寄出。"

至于内山书店的"漫谈会",鲁迅也去得少了,主要是上海的白色恐怖很紧张,鲁迅在1933年7月11日的信中说:"不能漫谈,虽觉遗憾,但手枪子弹穿进脑子里,则将更遗憾。"

时间转眼就到了1934年,关于《中国小说史略》的相关问题,还在逐条解决中,鲁迅也更轻松自信起来,在信中谈家里的日常,谈新搬了家后的生活,还有海婴的顽皮,和增田涉一起互寄孩子的照片等等。1934年2月27日,还托内山书店一个回日本的朋友带一包东西给增田涉,"内有《北平笺谱》一函。这是由我提议,得郑振铎君的尽力才得以出版的,原版是纸店的,买纸付印后,集成一部书,也并不坏。因为只印制二百部,故出版前皆已预约完。幸出版者的三闲书屋尚有存书,特奉上一部,以供清览。"

鲁迅一直喜欢笺谱,他给增田涉的信也都是使用各种笺谱,从影印件上看,就有梅花笺、蝴蝶笺、人物笺等。

笺纸在很久以前,就是书房清供,是文人诗文唱和、书信往来的必需品。带各色图案的花笺,同样有着悠久的历史,古代文人雅士往往自制笺纸,以精致华美的信笺、诗笺标榜其高雅而不入俗流的心志。这种笺谱实际上就是一种木刻版画,是结合了绘画、雕刻、印刷等工艺的绘画技术。俞平伯的曾祖父俞樾老人就自制过许多花笺,很多年以后,俞平伯还送了周作人一函,周作人像宝贝一样地珍藏着。鲁迅之所以要和郑振铎一起印制《北平笺谱》,还要从1931年6月说起,他从上海来北平探母亲病,顺便到各大学讲学，有一天，鲁迅到郑振铎家欣赏他家的藏书，见藏品中有许多精美的古版"笺纸"，不由大为赞叹。临走时，郑振铎赠予鲁迅5张元代的"罗汉笺"和10张清代"花卉笺"。鲁迅回上海后，二人书信不断，很多内容都是探讨如何促进木刻、版画艺术发展与进步的，并商议出版《北平笺谱》。经二人多方努力，《北平笺谱》于1933年12月，由北平知名刻工老西张、板儿杨等人精雕细琢而得以出版，采用套色彩印、布函套封的方式，分为人物、山水、鸟兽、花果、殿阁、造像等15类，集成6卷，整个装帧精美大气。鲁迅、郑振铎分别撰写了序言，由书法界名流魏建功（天行山鬼）和郭绍虞分别抄录。据说，此套《北平笺谱》的印制，花费了鲁迅400块银圆，把出版《两地书》的稿费全部搭上了。此后的1934年3月18日和4月11日两封信中，又谈到了《北平笺谱》，3月18日信中说："关于《北平笺谱》的两点意见甚是。第一点在付印前虽屡与纸店谈判过，说因颜料一过浓，就粘到版子上，下次印实用笺会受影响，终究没有照办。第二点，是我特意这么做的。说实话，自陈衡恪、齐璜（白石）之后，笺画已经衰落，二十人合作的梅花笺已感无力，到了猿画就很庸俗了。因为旧式文人逐渐减少，笺画遂趋衰亡，我为显示其虎头蛇尾，故来表彰末流的笺画家。"鲁迅非常在意这本《北平笺谱》，不仅对增田涉的意见作了说明，还引发了他的感慨，对雕工、印工的缺乏表示忧虑。鲁迅接着说："雕工、印工现在只剩三四人，大都陷于可怜的境遇中，这班人一死，这套技术也就完了。"这封信还向增田涉透露了准备刻印《十竹斋笺谱》的计划："从今年开始，我与郑君每月聚一点钱在复制明代的《十竹斋笺谱》,预计一年左右可成。这部东西神致很纤巧,虽细小些,总是明代的东西,只是使它回生而已。"4月11日再次谈到送给日本友人佐藤的《北平笺谱》,信末对日本的木版彩色印刷作了评论:"日本的木版彩色印刷,有人说比中国的逊色。依我看,纸质大有关系。中国的纸有洇的性能,印刷时就利用了这性能。日本的纸不洇,因此色彩就呆板了。"1934年8月7日,鲁迅挂念的《十竹斋笺谱》的翻刻工作有了进展,信中说:《十竹斋笺谱》完成五十余幅,兹将其中四幅的样本奉呈尊览。全部约二百八十幅,何时可成,尚未可知,俟半数完成后拟即开始预约,先予发卖。现在这里,生命是颇危险的,凡是不愿当私人的走狗,有自己兴趣的人,较为关心一般文化的人,左右都被看作反动而受折磨。一星期前,北平有两个和我同兴趣的朋友被捕了。怕不久连翻刻旧画本的人都没有了,然而只要我还活着,不管做多少,做多久,总要做下去。"此后在多封信中,都有涉及《十竹斋笺谱》的话,每有进展,或小有挫折,都向增田涉说明。比如1934年12月14日信中说:"《十竹斋笺谱》日内可成四分之一,其它四分之三预定明年内可完工。"1934年12月29日信中说:"《十竹斋笺谱》第一册,即可开始付印,预计明年二月中旬可完成,出版后当即奉上。现先寄样张一枚,以供清览。实物的纸张较此略大,当然要比样张美观些。"

1934年5月19日之后,又有多封信是关于《中国小说史略》的。在5月19日信中说:"得悉译稿已完成,至为快慰。对你在这本乏味的原作上费了很大力气,实在不胜惭愧。"5月31日继续回复增田涉提出的问题。6月7日信中说:"两次寄上《小说史略》的订正，未知收到否？顷有些新发现，颇有尚须订正之处，但没有心思继续研究，就姑且那样罢。"至此，关于《中国小说史略》的翻译问题的通信，就告一段落了。但是，关于署名问题，增田涉觉得，鲁迅在翻译中也出了力，不仅花费了时间，还做了切实的指点，想和鲁迅合署。鲁迅在1935年4月30日信中回复说："《小说史略》有出版的机会，总算令人满意。对你的尽力，极为感谢。'合译'没有意思，还是单用你的名字好。序文日后当寄奉。"很快，到了6月10日，鲁迅在信中说："《中国小说史》序文呈上，由于忙和懒，写得芜杂，祈大加斧正，使成佳作，面目一新。结尾部分，请将社长名字放进去。"又说："《中国小说史》装帧之豪华，是我有生以来的著作第一次穿上漂亮服装。我喜欢豪华版，也许毕竟是小资产阶级的缘故罢。"言语中，其喜悦之情充溢在字里行间。而鲁迅所写的序，也并非他所说的"芜杂"，保持一贯语言风格的同时，对于中国古代小说，还有新的发现：

> 回忆起来，大约四五年前罢，增田涉君几乎每天到寓斋来商量这一本书，有时也纵谈当时文坛的情形，很为愉快。那时候，我是还有这样的余暇，而且也有再加研究的野心的。但光阴如驶，近来却连一妻一子，也将为累，至于收集书籍之类，更成为身外的长物了。改订《小说史略》的机缘，恐怕也未必有。所以恰如准备辍笔的老人，见了自己的全集的印成而高兴一样，我也因而高兴的罢。

然而，积习好像也还是难忘的。关于小说史的事情，有时也还加以注意，说起较大的事来，则有今年已成故人的马廉教授，于去年翻印了"清平山堂"残本，使宋人话本的材料更加丰富；郑振铎教授又证明了《四游记》中的《西游记》是吴承恩《西游记》的摘录，而并非祖本，这是可以订正拙著第十六篇的所说的，那精确的论文，就收录在《痀偻集》里。还有一件，是《金瓶梅词话》被发见于北平，为通行至今的同书的祖本，文章虽比现行本粗率，对话却全用山东的方言所写，确切的证明了这决非江苏人王世贞所作的书。

但我却并不改订，目睹其不完不备，置之不问，而只对于日本译的出版，自在高兴了。但愿什么时候，还有补这懒惰之过的时机。

这一本书，不消说，是一本有着寂寞的运命的书。然而增田君排除困难，加以翻译，赛棱社主三上於菟吉氏不顾利害，给它出版，这是和将这寂寞的书带到书斋里去的读者诸君，我都真心感谢的。

1935 年 8 月 1 日复增田涉的信中说，盼望多时的《中国小说史略》终于见到了。但是这书却不是增田涉寄赠的。信中说："所赠《中国小说史》尚未收到，但内山书店则收到五册。我先买一册来读。引用文中有原文、有注释，而且用了两种字体，校对当是困难，殊为感谢。"

从鲁迅致增田涉的信中，鲁迅也把自己的身体状况告诉增田涉，如1934年秋天感到身体不适而发热，在11月14日的信中，便透露给了增田涉："舍下大抵都好，只我受凉，发热一星期，大约就会好的。但在发热时似有身体在膨胀之感，倒也不是没有趣味的事，这是西班牙流行感冒。"鲁迅还是过于乐观了，没想到这是肺炎的前兆。接着12月2日信中继续说："我每晚仍稍有发热，是由于疲乏还是西班牙感冒，就弄不清楚。大概是因为疲劳罢，如此，则大玩一番就会好的。"1936年夏天，鲁迅病重的消息传到了日本。增田涉专程赶到上海来探望。1936年7月6日，《鲁迅日记》记载曰："下午须藤先生来注射。增田君来。晚……内山君来。又发热。""九日晴，风，大热……下午须藤先生来注射。晚增田君来辞行，赠以食品四种。"增田涉也没有想到，这次见面，竟成永诀。到了1936年9月15日的信中，所述病情已相当严重了："我依旧发热，正请须滕先生注射，病情将会如何，尚不可知。但身体却比以前胖了起来。"鲁迅写给增田涉的最后一封信是在1936年的10月14日，离鲁迅逝世只有五天，他还耐心地回答了增田涉编写《鲁迅著译书目》时提出的几个问题。当增田涉收到这封信时，鲁迅已经与世长辞了。

鲁迅致增田涉的这些信件，一直保存在增田涉的手中。从信上可以看出，对于增田涉提出的各种疑难问题，鲁迅总是耐心而详细地加以解答，有时还有绘图。对一人一事的来历，一字一句的含义和出处，都详加注释，对《中国小说史略》和《呐喊》《彷徨》中某些误译都做了认真的改正。即使在晚年病重时，鲁迅解答增田的疑问，也从来一丝不苟。此外，鲁迅也在信中和增田涉谈论了其他事，如增田涉常常会寄给鲁迅的画，鲁迅也会直率地提出自己的欣赏意见；比如，两人还互寄孩子的照片；再如，鲁迅晚年翻译果戈理的《死魂灵》和《死魂灵百图》时，也多次在信中向增田涉透露，等等。目前，鲁迅致增田涉的58封信件，还保留在岛根县鹿岛镇历史民俗资料馆内的"增田涉纪念室"里。鲁迅送给增田涉的题诗真迹也挂在那里。

需要说明的是，鲁迅和增田涉的通信中，对《中国小说史略》有不同的称呼，有称《小说史略》的，有称《中国小说史》的，实际上都是同一部书。

2021年7月21日草于北京像素

（本文是为《鲁迅致增田涉》写的编余札记）

鲁迅和萧红谈文学

作家和作家之间的通信，当然以文学的话题为主了，何况鲁迅先生又是文学界的泰斗级大师，萧红不过是一个初涉文坛的年轻作者，更何况，萧红是以一个文学青年的身份主动向鲁迅求教的，文学的话题自然就占比很重了。我们今天重读这些文字，依然能够感受到鲁迅对于文学的深刻见解和对于后辈的关怀与提携，其中许多有价值的论述，至今仍然起到引领作用，并引发人们对于文学与社会、文学与人生的思考。

在鲁迅致萧红的书简中（大部分是写给萧军、萧红二人的），书信涉及内容较广，有关于家庭的，有关于孩子的，有关于朋友的，有日常琐屑的（如借款、搬家），还有对目前出版界的看法，而大部分书信的内容都涉及文学和创作。涉及文学的，大致有三个方面：一是以鲁迅自己的作品（包括译作）为话题引申而谈的；二是以萧红（萧军）的作品为主要论述的；三是对于其他作家的作品进行评述和介绍的。这种在书信里的谈论，和纯粹的创作不一样。创作的文章是用来公开发表的，特别是论述文学的文字，更要求精练、准确和严谨；而友人间的书信往来，所谈所论，大多是轻松的、率真的、无所顾忌的，并且还涉及友情等元素，因而更有真实的情感。

涉及鲁迅自己的作品，在书信中，鲁迅都能客观地论述事实，比如在1934年11月12日鲁迅致萧军、萧红的信中，在回答他们提出的几个关于文学的话题时，鲁迅是这样作答的："一、我是赞成大众语的，《太白》二期所录华圉作的《门外文谈》，就是我做的。"开宗明义，态度鲜明，是鲁迅做事行文的一贯作风，赞成大众语运动，《门外文谈》也是出自他的手笔（有一段时间，鲁迅为了躲避政府的审查官，只能变换各种笔名发表作品）。那么，何为大众语运动呢？这要从鲁迅所处的时代说起。当时的中国文坛，分为几个阵营，有专门刊登文言文的杂志，有提倡以幽默、闲适、灵性小品文为主的期刊，有专门针对市民阶层的"鸳鸯蝴蝶派"出版物。在这种情形下，陈望道担任主编的《太白》应运而生，打出的旗号，就是"大众语"，许多作家都成为《太白》的作者，支持"大众语运动"。鲁迅的《门外文谈》就发表在《太白》上。在鲁迅的杂文中，这篇杂谈较长，共分《开头》等十二个小标题，对中国的文字、语言和文学作了较详细的论述。萧红和萧军在读了鲁迅的这篇文章后，写信向鲁迅求教关于大众语问题，对于一个年轻作者来说，也是创作方向的问题。鲁迅在回复萧红和萧军的这封信里，共回答了九个问题，除第八个问题外，其他八个问题都和文学有关。在1934年12月6日致萧军、萧红的信里，谈到了《两地书》，鲁迅说："《两地书》其实并不像所谓'情书',一者因为我们通信之初,实在并未有什么关于后来的豫料的;二则年龄,境遇,都已倾向了沉静方面,所以决不会显出什么热烈。冷静,在两人之间,是有缺点的,但打闹,也有弊病,不过,倘能立刻互相谅解,那也不妨。"这段论述,可以看成是关于《两地书》写作的初衷——虽然是恋爱时的通信,也多是"倾向了沉静方面",并不像年轻人那么"热烈"。在1934年12月26日致萧军、萧红信中,又谈到了《准风月谈》,鲁迅说该书"尚未公开发卖,也不再公开,但他必要成为禁书"。"所谓上海的文学家们,也很有些可怕的,他们会因一点小利,要别人的性命。但自然是无聊的,并不可怕的居多,但却讨厌得很,恰如虱子、跳蚤一样,常常会暗中咬你几个疙瘩,虽然不算大事,你总得搔一下了。这种人物,还是不和他们认识好。我最讨厌江南才子,扭扭捏捏,没有人气,不像人样,现在虽然大抵改穿洋服了,内容也并不两样。其实上海本地人倒并不坏的,只是各处坏种,多跑到上海来作恶,所以上海便成为下流之地了。"鲁迅编《准风月谈》,从1934年年初开始,并于1934年3月10写了《前记》,到这年的10月16日写了《后记》,用了半年多时间,萧红和萧军关心这部书,可能早就知道这本书的曲折经过了。鲁迅在《后记》里写到了这本书的创作和编辑经过,云:"这六十多篇杂文,是受了压迫之后,从去年六月起,另用各种笔名,障住了编辑先生和检查老爷的眼睛,陆续在《自由谈》上发表的。不久就又蒙一些很有'灵感'的'文学家'吹嘘,有无法隐瞒之势,虽然他们的根据嗅觉的判断,有时也并不和事实相符。但不善于改悔的人,究竟也躲闪不到那里去,于是不及半年，就得着更厉害的压迫了，敷衍到十一月初，只好停笔，证明了我的笔墨，实在敌不过那些带着假面，从指挥刀下挺身而出的英雄。"又说在编书时，"将那时被人删削或不能发表的，也都添进去了……今年三月间，才想付印，做了一篇序，慢慢地排、校，不觉又过了半年，回想离停笔的时候，已是一年有余了，时光真是飞快，但我所怕的，倒是我的杂文还好像说着现在或甚而至于明年。"在1935年1月4日致萧军、萧红的信中，谈到自己的创作，鲁迅说："新年三天，译了六千字童话，想不用难字，话也比较的容易懂，不料竟比做古文还难，每天弄到半夜，睡了还做乱梦，那里还会记得妈妈，跑到北平去呢？"信中提到的"童话"，是鲁迅翻译的苏联作家班台莱耶夫的中篇童话《表》，该篇作品发表在1935年3月出版的《译文》第二卷第一期上，同年7月，由生活书店出版单行本。鲁迅在这封信里，谈了他对于翻译的体会和追求，虽然不用难字，却比"做古文还难"，足见鲁迅对于翻译的认真。在1935年1月21日致萧军、萧红的信中，鲁迅继续谈自己的翻译，他说："前几天的病，也许是赶译童话的缘故，十天里译了四万多字，以现在的体力，好像不能支持了。但童话却已译成，这是流浪儿出身的Panterejev做的，很有趣，假如能够通过，就用在《译文》第二卷第壹号（三月出版）上，否则，我自己印行。"十天里译了四万多字，鲁迅的勤奋对于年轻的萧红和萧军来说，不可能没有触动。1935年3月13日致萧军、萧红的信上说："《死魂灵》很难译，我轻率的答应了下来，每天译不多，又非如期交卷不可，真好像做苦工，日子不好过，幸而明天可完了，只有二万字，却足足化了十二天。"《死魂灵》是鲁迅一部重要的翻译作品,关于这部作品的翻译,鲁迅在1935年2月18日致孟十还的信中提到过:"我要给这杂志译《死魂灵》。"这里所说的杂志,是指生活书店正在筹办的《世界文库》,后来,《死魂灵》的第一部,就分六次在《世界文库》上连载。关于翻译《死魂灵》的最初动机,是郑振铎提出来的,在1935年3月16日致黄源的信中,鲁迅说:"先前,西谛要我译东西,没有细想,把《死魂灵》说定了,不料译起来却很难,化了十多天工夫,才把一、二章译完,不过二万字,却弄得一身大汗,恐怕也还是出力不讨好。此后每月一章,非吃大半年苦不可,我看每一章一万余字,总得化十天工夫。"1935年4月23日致萧军、萧红信中说:"我的文章,也许是《二心集》中比较锋利,因为后来又有了新经验,不高兴做了。敌人不足惧,最令人寒心而且灰心的,是友军中的从背后来的暗箭;受伤之后,同一营垒中的快意的笑脸。因此,倘受了伤,就得躲入深林,自己舐干,扎好,给谁也不知道。我以为这境遇,是可怕的。我倒没有什么灰心,大抵休息一会,就仍然站起来,然而好像终竟也有影响,不但显于文章上,连自己也觉得近来还是'冷'的时候多了。"这段文字,鲁迅借《二心集》,来抒发自己的创作感想。

谈及萧红(萧军)的作品也有多次,在1934年12月20日在致萧军、萧红的信中,鲁迅说:"小说稿我当看一看,看后再答复。吟太太的稿子,生活书店愿意出版,送给官僚检查去了,倘通过,就可发排。"信中的"小说稿",指萧军的《八月的乡村》。"吟太太的稿子",指萧红的代表作《生死场》。萧红和萧军初到上海,就把自己的作品寄给鲁迅看,鲁迅欣赏两个年轻人的文采,也极力把两部书稿介绍给他相熟的杂志和出版机构。1935年1月21日信中,鲁迅说:"两篇稿子早收到,写得很好,白字错字也很少,我今天开始出外走走,想绍介到《文学》去,还有一篇,就拿到良友公司去试试罢。"信中所说的"两篇稿子",是萧军的小说《职业》和《樱花》,后经鲁迅推荐,分别发表在1935年第三期和第五期的《文学》上,"还有一篇",也是萧军的小说《搭客》,发表在1935年第一卷第四期《新小说》上,改名为《货船》。在1935年1月29日致萧军、萧红的信中再次提到《生死场》,鲁迅说:"吟太太的小说送检查处后,亦尚无回信,我看这是和原稿的不容易看相关的,因为用复写纸写,看起来较为费力,他们便搁下了。"也是在这封信中,鲁迅还略带机趣地说:"我不想用鞭子去打吟太太,文章是打不出来的,从前的塾师,学生背不出书就打手心,但愈打愈背不出,我以为还是不要催促好。如果胖得像蝈蝈了,那就会有蝈蝈样的文章。"1935年2月9日致萧军、萧红信中,鲁迅说:"小说稿已看过了,都做得好的——不是客气话——充满着热情,和只玩些技巧的所谓'作家'的作品大两样。今天已将悄吟太太和那一篇寄给《太白》。余两篇让我想一想,择一个相宜的地方,文学社暂不能寄了,因为先前的两篇,我就寄给他们的,现在还没有回信。"信中"悄吟太太和那一篇"中的"和",我怀疑是"的"字之误,不然不大读得通——这是指萧红的短篇小说《小六》。"余两篇",可能是萧红的作品,也可能是萧军的作品,因为"先前的两篇"显然是指萧军的《职业》和《樱花》。1935年3月1日致萧军、萧红信中说:"悄吟太太的一个短篇,我寄给《太白》去了,回信说就可以登出来。那篇《搭客》，其实比《职业》做得好（活泼而不单调），上月送到《东方杂志》，还是托熟人拿去的，不久却就给我一封官式的信，今附上，可以看看大书店的派势。现在是连金人的译文，都寄到良友公司的《小说报》去了，尚无回信。"这封信里，"悄吟太太的一个短篇"就是指萧红的小说《小六》。从字里行间还能看出来，鲁迅很看中的萧军的小说《搭客》被退稿后，鲁迅很是不爽，但也只能发发牢骚而已。在1935年10月20日致萧军、萧红信中，说："《生死场》的名目很好。那篇稿子，我并没有看完，因为复写纸写的，看起来不容易。但如要我做序，只要排印的末校寄给我看就好，我也许还可以顺便改正几个错字。"这是鲁迅第一次答应给《生死场》写序。1935年11月16日致萧军、萧红的信中，鲁迅说："那序文上，有一句'叙事写景，胜于描写人物'，也并不是好话，也可以解作描写人物并不怎么好。因为做序文，也要顾及销路，所以只得说的弯曲一点。至于老王婆，我却不觉得怎么鬼气，这样的人物，南方的乡下也常有的。安特列夫的小说，还要写得怕人，我那《药》的末一段，就有些他的影响，比王婆鬼气。"这是鲁迅为写好的《生死场》的序文做的说明，实际上是在提醒萧红，在描写人物上，还须花些工夫。

对于其他作家的作品进行评述和介绍的，也有多处，这些介绍，在书信中出现，对初学写作者，可以起到潜移默化的影响。在1934年11月17日致萧军、萧红信中说："中野重治的作品，除那一本外，中国没有。他也转向了，日本一切左翼作家，现在没有转向的，只剩了两个（藏原与宫本）。我看你们一定会吃惊，以为他们真不如中国左翼的坚硬。不过事情是要比较而论的，他们那边的压迫法，真也有组织，无微不至，他们是德国式的，精密、周到，中国倘一仿用，那就又是一个情形了。"在同一封信中，又说到姚蓬子，云："蓬子的变化，我看是只因为他不愿意坐牢，其实他本来是一个浪漫性的人物。凡有智识分子，性质不好的多，尤其是所谓'文学家'，左翼兴盛的时候，以为这是时髦，立刻左倾，待到压迫来了，他受不住，又即刻变化，甚而至于卖朋友（但蓬子未做这事），作为倒过去的见面礼。这大约是各国都有的事。但我看中国较甚，真不是好现象。"在1934年12月10日致萧军、萧红信中，鲁迅说："童话两本，已托书店寄上，内附译文两本，大约你们两位也没有看过，顺便带上。《竖琴》上的序文，后来被检查官删掉了，这是初版，所以还有着。"在1935年1月29日致萧军、萧红信中，鲁迅说："《滑稽故事》容易办，大约会有书店肯印。至于《前夜》，那是没法想的，《熔铁炉》中国并无译本，好像别国也无译本，我曾见良士果短篇的日译本，此人的文章似乎不大容易译。您的朋友要译，我想不如鼓励他译，一面却要老实告诉他能出版否很难豫定，不可用'空城计'。因为一个人遇了几回'空城计'后，就会灰心，或者从此怀疑朋友的。"《滑稽故事》是金人拟编译的苏联作家左琴科的短篇小说集，《前夜》是俄国作家屠格涅夫的长篇小说，《熔铁炉》的作者是苏联作家里亚希柯。在1935年2月9日致萧军、萧红的信中，鲁迅说："你记得去年各报上登过一篇《敌乎，友乎？》的文章吗？做的是徐树铮的儿子，现代阔人的代言人，他竟连日本是友是敌都怀疑起来了，怀疑的结果，才决定是'友'。将来恐怕还会有一篇《友乎，主乎？》要登出来。今年就要将'一·二八''九一八'的纪念取消，报上登载的减少学校假期，就是这件事，不过他们说话改头换面，使大家不觉得。'友'之敌，就是自己之敌，要代'友'讨伐的，所以我看此后的中国报，将不准对日本说一句什么话。"鲁迅一针见血、直指要害地点出了卖国贼的嘴脸。

萧军的本名叫刘军，萧红的笔名叫悄吟，1934年萧红和萧军从哈尔滨来到上海后，一直同居，鲁迅给他们写信，抬头都是"刘、吟"相称。早期的信上，鲁迅还有些顾虑，称他们为"两位先生"，但后边的祝语，是"俪安"。鲁迅第一次祝"俪安"的时候，还在信末半真半假地问："这两个字抗议不抗议？"可能是得到萧军、萧红的默许吧，以后就都是"俪安"了。在对萧红的称呼中，随着交往的逐渐深入，也经历过几个变化，由"先生"，到"兄"，到"悄吟太太"。

鲁迅在给萧军、萧红的信中，在谈论创作的时候，无论是涉及自己的作品，还是萧红和萧军的作品，或是别人的作品，都是直言不讳，观点鲜明，绝不和稀泥。另外，鲁迅还常常在信中，谈论自己的生活环境和日常感受，这些话看似家常——没有展开来讨论文学创作的一些方法和规律，但正是这种看似简单的闲谈，对于初学写作的萧红和萧军来说，是深受启发的。也正是在这段时间里，他们二人的作品才取得长足的进步，才得以在报刊上发表，并出版了单行本。可以说，没有鲁迅，萧红的《生死场》和《小六》《三个无聊人》等作品，就不可能那么顺利地发表和出版；同样地，萧军的《八月的乡村》等作品也不可能顺利地出版和发表。也正是在鲁迅的帮助下,萧红和萧军的名声才逐渐显现出来,成为文坛上瞩目的新星。

2019 年 5 月 19 日

(本文是为萧红所著的《亦师亦友亦如父:萧红笔下的鲁迅》写的代跋,原题为《鲁迅致萧红书信里的文学话题》。该书于 2020 年 3 月由广陵书社出版。)

李儵笔名的由来

收在《鲁迅全集》第四卷《南腔北调集》里，有一篇《答杨邨人先生公开信的公开信》在首版注释李儵时，说他是"一位青年作家"。这个青年作家李儵又是谁呢？他就是曹聚仁的胞弟曹艺先生。曹艺真名聚义，李儵是他当年在上海发表文章时使用的笔名。

鲁迅的这篇公开信，自然是由杨邨人的公开信引起的。鲁迅在作答时，把杨邨人的公开信也作了全文引用，其中有这样的句子：

读了李儵先生（不知道是不是李又燃先生，抑或曹聚仁先生的笔名）的《读伪自由书》一文，近末一段说：

"读鲁迅《伪自由书》，便想到鲁迅先生的人。那天，见鲁迅先生吃饭，咀嚼时牵动着筋肉，连胸肋骨也拉拉动的,鲁迅先生是老了!我当时不禁一股酸味上心头。记得从前看到父亲的老态时有过这样的情绪,现在看了鲁迅先生的老态又重温了一次,这都是使司马懿之流,快活的事,何况旁边早变心了魏延。"(这末一句照原文十个字抄,一字无错,确是妙文!)

杨邨人公开信的缘由就是李儵文章里的这段话引起的,然后才发泄了鲁迅对他几次批评的不满。鲁迅在作答时,对于"李儵"是不是曹聚仁,以十分肯定的口气说:"李儵先生我曾经见过面,并非曹聚仁先生。至于是否李又燃先生,我无从确说,因为又燃先生我是没有豫先见过的。"至于鲁迅如何作答杨邨人的,有兴趣的朋友可以找来原文一读。这里主要是简述一下"李儵"这个笔名的由来。1991年9月出版的《上海鲁迅研究》(5)里,有一篇曹艺写的文章,题目叫《白首话当年——我几度见到的鲁迅先生》,文中说:"李儵,是当年我滥竽在上海文台时用过的笔名,当年我以政治犯流浪客的身份,在上海借胞兄曹聚仁处避难。"在说到为什么要以"李儵"做笔名时,文中说,儵"这个字,说怪也不怪,它是一种小鱼,侧线紧贴腹部,少肉多刺,为人们所弃。这字也写作鲦,一读 tiao 如条,一读 you 如由,俗名'穿条'、'车条'或'参条白',庄子与惠子游于濠梁之上,庄子曰:'儵鱼出游从容,是鱼之乐也。'荀子则说:'儵鮴者浮阳之鱼也。'这种小鱼,向往光明,有一股傻劲,打不退,吓不散。小时候老师解说:'我们溪边李树根旁常见之。'我被通缉,被抄家,被追捕,逃亡到日本,转到上海,失学失业,狼狈不堪,但气壮如故,喜爱儵鱼的品格,便以之为笔名,以示奋斗到底的意思"。

曹艺的这段文字介绍已经很明白了,原来他以国民党当局追捕的逃犯身份,躲在上海的哥哥曹聚仁家里。曹聚仁当时正在办《涛声》杂志,和鲁迅很熟,也发表过不少鲁迅的文章。曹艺经常去鲁迅家或内山书店去见鲁迅,送稿或取稿,鲁迅还在内山书店给曹艺挑了七支版现刻刀。鲁迅在曹聚仁家吃过几次饭,曹艺都在场,聆听过鲁迅风趣而充满智慧和渊博知识的聊天,而且还因为自己不喜欢毛边书引起鲁迅一大段关于毛边书的议论,让曹艺受教很深。需要糊口的曹艺,在哥哥的影响下,也开始写文章,并在上海的许多报刊上发表。真名是不能署了,姓也得省掉,怕引起国民党文化特务的怀疑,他便借以家乡李树旁小溪里的"参条白",取李树的李为姓,以"参条白"的古字儵为名,便于躲避特务的追查,同时又表现出"打不退""向往光明"的硬骨头风骨。曹艺的斗争精神可见一斑。

2022 年 4 月 4 日草于北京像素

"走近鲁迅"丛书编余杂话

鲁迅的著作,市面上有很多种,除了在业界享有盛誉的人民文学出版社出版的《鲁迅全集》各版外,其他"全集"类的也有好几种,编排上虽然变着花样力求创新,但总体上还是人民文学出版社的更合理和权威一些。但对于一般读者而言,读《鲁迅全集》毕竟是一件耗时费力的大工程,读关于鲁迅研究和回忆鲁迅的文章更是浩如烟海、不易搜寻。基于这样的原因,我们组织了相关专家和同好,历经两年多时间,编辑、整理、出版了"走近鲁迅"丛书。该丛书分两辑,第一辑六种,分别是《鲁迅印象》《鲁迅名言》《鲁迅序跋》《鲁迅演讲》《鲁迅诗话》《鲁迅书话》;第二辑也是六种,分别是《鲁迅诗歌》《鲁迅致增田涉》《鲁迅致曹靖华》《鲁迅杂文》《鲁迅小说里的人物》《鲁迅的青年时代》。

著名评论家、巴金研究专家周立民说过,编丛书,"单本书可以集中,整套的内容不妨杂一些,或者美其名曰'丰富多彩'"。"走近鲁迅"两辑，也依照了这个意思，大体上分为两类：一类是以鲁迅的著作为主，比如《鲁迅序跋》《鲁迅书话》《鲁迅诗歌》等；另一类是与鲁迅研究和鲁迅生活相关的内容，比如《鲁迅印象》《鲁迅小说里的人物》《鲁迅的青年时代》等。

《鲁迅印象》

鲁迅逝世后，引起文坛震动，怀念鲁迅的文章一时间成为各大小报刊的主打。《鲁迅印象》就是一本鲁迅同时代的文化人怀念鲁迅文章的汇编，以"印象"为主，其中有蔡元培、许寿裳、郁达夫、郑振铎、孙伏园、萧红等人的作品，也有他二弟周作人的文章。这些文章从多方面评介了鲁迅的为人和为文，由于时代贴近，加上他们都是文章大家，因此读来更为真实和亲切。

从夏丏尊写的《鲁迅翁杂忆》里，我们知道鲁迅有晚上工作的习惯，喜欢抽烟和吃零食。鲁迅吃零食是有名的，在北京女师大任教时，许广平等学生到鲁迅的寓所玩，鲁迅就经常拿自己的零食给她们吃。夏丏尊和鲁迅早年曾同时在浙江两级师范教书，那时候喜欢吃的零食是条头糕。鲁迅的抽烟也很凶。夏丏尊在记这两件事时写道："据我所知，他平日吸的都是廉价卷烟，这几年来，我在内山书店时常碰到他，见他所吸的总是金牌、品海牌一类的卷烟。他在杭州的时候，所吸的记得是强盗牌。那时他晚上总睡得很迟，强盗牌香烟、条头糕，这两件是他每夜必须的粮。"条头糕是浙江的糕点，是用糯米粉混合细豆沙做成长条状蒸熟而成，冷热皆宜，口感柔软香甜。夏丏尊是鲁迅的老朋友了,对他的幽默趣味也是较早就领略过,也是在浙江两级师范的时候,鲁迅"常模拟官场的习气,引人发笑。现在大家知道的'今天天气……哈哈'一类的模拟谐谑,那时从他口头已常听到。他在学校里是一个幽默者"。

说到鲁迅的幽默,郁达夫在《回忆鲁迅》里也讲了一段,说鲁迅爱看目连戏,"他有好几次同我说,这戏里的穿插,实在有许许多多的幽默味。他曾经举出不少的实例,说到一个借了鞋袜靴子去赴宴会的人,到了人来向他索还,只剩一件大衫在身上的时候,这一位老兄就装作肚皮痛,以两手按着腹部,口叫着我肚皮痛杀哉,将身体伏矮了些,于是长衫就盖到了脚部以遮掩过去的一段,他还照样的做出来给我们看过。说这一段话时,我记得《月夜》的著者,川岛兄也在座上,我们曾经大笑过的。"读到这一段,我也想象了一下鲁迅当着众人表演的样子,也禁不住要笑一笑。

萧红当年是能够经常出入鲁迅家的青年女作家。读萧红的文章,能够感受到鲁迅日常的家居生活,这是别的回忆文章里都不能做到的,同时也能看出来萧红和鲁迅与许广平之间不同寻常的友谊。基于此,我们选了萧红四篇回忆鲁迅的文章。特别是《回忆鲁迅先生》一文,是在诸多回忆鲁迅的文章中,把鲁迅的形象描写得鲜活水灵的一篇。如果没有通过日常生活中细心的观察,是很难做到的。萧红的这组文章,将鲁迅的个性、情趣、魅力、气质,都够活灵活现地表现了出来,还原了一个真实的鲁迅。萧红的这篇《回忆鲁迅先生》和另外几篇关于鲁迅的文章,于 1940 年 7 月由生活书店重订后出版了单行本。

众所周知，鲁迅逝世后，各种怀念、纪念、悼念文章和诗联不计其数，还有大量的对相关作品的评论，真要是收全，那应该是一部巨型文献了。限于篇幅，《鲁迅印象》所收的文章只是很少的一部分，突出的是"印象"。

《鲁迅诗话》

鲁迅才情过人，对中国古典诗词文赋也十分精通，且都能活学活用。早在日本留学时期，这种才情就曾在多种场合表现了出来。鲁迅的同学许寿裳在《鲁迅的游戏文章》中提到一则趣事，可见鲁迅当年的急才：

> 一九〇八年，鲁迅在东京有给同乡友人邵铭之讨债的一封长信，写得骈四俪六，很有趣的。铭之名文熔，人极诚笃，自费到东京来留学，先入清华预备学校，学习日语，后往札幌工业专门学校读土木工程。因为清华学校里有中国厨子，他常备中国菜以饷我们，我们本来吃厌了日本料理，一旦遇到盛馔，自然像秋风吹落叶，一扫而空。他无意地说出"我料得你们馋如饿鬼，幸而藏起了一碗……"我们听了，立即把它搜出，又吃个精光。他身材高大而肥硕，裤脚管特别做得胖大，宛然像一对昔时迎娶花轿前面的仪仗裤脚灯笼，摇摇晃晃的。又因为测量实习、工程实习的关系，常常告诉我们他又须"出张"了。鲁迅的信中

有云:"试开'押入',剩一碗之烹鸡,爱道'出张',着双灯之胖裤……近者鉴湖蔡子,已到青山,诸暨何公,亦来赤阪,信人材之大盛,叹吾道之何穷……仰乞鸿恩,聊拯蚁命……"其余佳句尚多,可惜我统统忘却了。信中"押入"是日本的壁橱,"出张"是出差之意,青山和赤阪都是东京的地名。铭之收到这信,不免啼笑皆非,曾经当面称他的言论是"毒奇"。这次回信很客气,但说不日即归还,鲁迅看了说:"铭之怒了。"

不是谁都能在随便的一封信中,用"骈四俪六"体写出新赋来的。

其实,早在1907年,鲁迅就用文言文写过一篇诗论《摩罗诗力说》,那是鲁迅用心、用力的一篇诗论,对旧传统、旧文化进行了尖锐的批评,又抨击了洋务派、维新派和复古派,是五四运动以前的一篇重要的启蒙檄文,在当时就有很大的影响。这篇古文如果说初显了鲁迅的文风,还不如是他战斗精神的初次尝试,但是同时又情文并茂,余韵悠长,韵律之美跃然纸上。

此后,鲁迅又写过《汉文学史纲要》《中国小说史略》这样的专著,也被学界认可。

但他的集大成之作,还是杂文。鲁迅一生当中所作的杂文量很大,涉及的面也很广,关于古今中外诗歌的论述、引用及意义的延伸,就分散在他的多篇杂文当中。他谈诗、论诗,都有独到的见解,并阐明了诗歌的起源及其发展方向。我曾在《鲁迅研究资料索引》里,看过香港大公书局于1952年7月出版过一本

《鲁迅诗话》，著者郑子瑜。不知道这是一本怎样体例的书，称"著者"，大约不是选编鲁迅的原著，而是和"书话"的形式差不多，只不过是用诗的形式来评价鲁迅著作的。关于郑子瑜，周作人和他也有过一段交集，从1958年至1961年间，周曾把自己的诗251首，分几次寄给居住在新加坡的郑，托郑设法出版。但这些诗直到1987年才在岳麓书社面世，题为《知堂杂诗抄》。

鲁迅诗话是鲁迅大量著作中的精华部分。我们从浩如烟海的鲁迅杂文中，披沙拣金，把这方面的文字摘编出来，汇成一集。这些文章涉及鲁迅的大部分著作，分别是《坟》《中国小说的历史的变迁》《伪自由书》《汉文学史纲要》《鲁迅书信集》《二心集》《而已集》《且介亭杂文》《三闲集》《两地书》《集外集》《集外集拾遗》《集外集拾遗补编》《准风月谈》《南腔北调集》《花边文学》《华盖集》《野草》《热风》等。在选编过程中，我们坚持的原则是，不论长短，只要涉及论诗的，都摘编出来。这就是读者如今看到的，有的是整篇收入，有的只摘编几句。需要说明的是，如此浩大的工作量，遗漏部分在所难免，盼读是书的朋友如有新得，能飞简相告，待他日修订时予以补充。

《鲁迅书话》

鲁迅的一生，都是和买书、读书、写书、编书分不开的。在他的日记和书信中，经常会看到有买书和托朋友买书的记录。而关于读书的文章，也是鲁迅创作中的大宗。和《鲁迅诗话》不同的是，关于书话，我们没有从单篇文章中摘录，而是整篇整篇地收入。在鲁迅生前自编的书籍中，有相当一部分是书评书话类文章，有的是为他人作序，涉及原创、辑佚、选编和翻译等，也有自己作品集的序跋、题记等，更多的是读书随感。搞创作的人大都写过类似的文章，而像鲁迅这样，几乎每本杂感集里都有这方面的短文，也是不多见的。

我很早就喜欢这类文章，它们属于闲适范畴，读起来不怎么累，在得到知识的同时，还能了解很多趣闻逸事。

从鲁迅的文章里，我首次接触到"读书界"这个词。而且鲁迅在文章中不止一次地说过，最迟的一次是在《曹靖华译〈苏联作家七人集〉序》里。这篇文章写于他晚年病重时期的1936年10月16日，鲁迅在谈到翻译界的虚夸风气后，力挺曹靖华是"一声不响，不断的翻译着的一个"，在列举了他丰硕的成果后，对他受到"两处封锁之害"而"依然不断的在改定他先前的译作"的举动深表佩服，说他"依然活在读者们的心中"，"这固然也因为一时自称'革命作家'的过于吊儿郎当，终使坚实者成为硕果，但其实却大半为了中国的读书界究竟有进步，读者自有确当的批判，不再受空心大老的欺骗了"。文末，鲁迅再次提到"读书界"："至于译者对于原语的学力的充足和译文之可靠，是读书界中早有定论，不待我多说的了。"二十世纪九十年代中期，我在一次文学活动上说到目前读书界的一些现状，遭到与会一些人的嘲笑，他们中的大部分人认为，凡是识字的人，都是读书界的，都可自称是读书界人士。我不和他们争论，对于持这种观点的人，争论了，会拉低自己的水平，他们根本不知道何为读书界。通过鲁迅对于读书界的阐述，我认为，不是一般的读者都可进入读书界的，至少应该具备两种条件：一是有思想的读书，带有目的的读书；二是读书不仅是在启迪自己的灵魂和心智，还能通过某种途径，把好书传递给其他读者。就好比凡写字的人都不能称书法家一样。

不久前读李惊涛先生的一篇文章，他认为"读书界"这个词是我提出来的。这当然不是事实了。我只是借鲁迅的"读书界"来说读书界而已。

《鲁迅演讲》

鲁迅演讲，特别是即兴的演讲，更能体现出鲁迅的个性和风骨。事实上，鲁迅并不太喜欢演讲，他的许多演讲，都是别人硬拉去的，也有的是碍于他的学生或好友的面子，不得不讲。但他也曾拒绝了朱自清邀请他到清华的演讲。我还根据朱自清日记等相关材料，写了一篇《鲁迅和朱自清的交谊》的文章，发表在《点滴》上。现将这篇文章相关演讲的段落摘录如下：

> 1932年的11月9日，鲁迅来北京探母病。鲁迅在北京逗留的十几天中，北京的文化界、学术界闻风而动，不少大学和机构都希望能请到鲁迅去演讲。鲁迅也确实在北京大学、辅仁大学、女子文理学院、北京师范大学、中国大学等做了一系列的演讲，引起较大的反响。清华大学当然不能错过这次机会了。11月24日，朱自清日记云："访鲁迅，请讲演，未允。"吴组缃

在《敬悼佩弦先生》一文中，对这次不成功的邀请有比较详细的记述："朱先生满头汗，不住用手帕抹着，说：'他不肯来，大约他对清华印象不好，也许是抽不出时间。他在城里有好几处讲演，北大和师大。'停停又说：'只好这样罢，你们进城去听他讲罢。反正一样的。'"从吴组缃这段文字里，我们大致能读出这样的信息：一是，这次演讲很可能是同学们要求朱自清能请到鲁迅，进而一睹鲁迅的风采。因为朱自清当时不仅是著名作家，还是清华大学中文系代理主任，由他出面，很合适，也较有把握。二是，鲁迅对朱自清邀请的回话也是含糊其词的，拒绝也没有明说什么原因，而在朱自清听来，可能是鲁迅对"清华印象不好"，也或许是"抽不出时间"。三是朱自清没请来鲁迅，觉得对不起学生，满头大汗大约是走得急，也可能是心里急造成的，因为时节毕竟是11月底了，北京已经很冷了。所以朱自清最后提醒学生也可以进城去听鲁迅的演讲。但朱自清到底还是不甘心，过了几天，即27日下午，又去请了鲁迅，依然未果。日记所记，也只比24日多了个"下午"二字，即"下午访鲁迅，请讲演，未允"。可见心情不爽。坏心情是有延续的，或者干脆就和没请到鲁迅有关——第二天，即28日，日记云："心境殊劣，以无工作也。"看来请鲁迅来清华演讲未果这件事，给朱自清带很大的影响。

无论如何，鲁迅一生中，没有到过清华大学演讲，这是事实。这大约是和鲁迅的性格有关。有一个段子，也发生在鲁迅这次去北京探母亲病期间。在北京大学演讲间隙，鲁迅在走廊里碰到了胡适，打了招呼之后，胡适开玩笑说他是卷土而来。鲁迅听了不高兴，冷着脸回怼道："我马上卷土而去，决不抢你们的饭碗。"这弄得胡适很尴尬。其实，鲁迅的演讲，大多是即兴，演讲所产生的效果，与我们今天所认为的演讲效果，并不是一回事。因此，在今天这个学问未及深究、创作没有成就就将演讲商业化的时代，重温鲁迅的诸篇演讲，可以感受到鲁迅立足于作家立场传达出的思想的深刻。

我们今天所见的《鲁迅演讲》，有的是现成的稿子，比如1923年12月26日在北京女子高等师范学校的演讲《娜拉走后怎样》、1924年1月17日在北京师范大学附属中学校友会上的演讲《未有天才之前》、1931年8月在社会科学研究会上的演讲《上海文艺之一瞥》等。有的是演讲后经别人整理、鲁迅认可的，如《记谈话》，该文是向培良的记录稿，发表在1926年8月28日《语丝》周刊第九十四期上，署名培良，并且加了培良的按语，鲁迅也在篇后写了附记。"按语"和"附记"清楚地记录了这篇演讲的经过，即1926年8月22日，鲁迅要去厦门了，临行前，北京女子师范大学举行"毁校"周年纪念，鲁迅参加了纪念会，并有一番演讲。培良预感到很难再请到鲁迅演讲了，才做了记录并发表；有的是即兴演讲而别人记录的"大意"，如1932年11月24日应女子文理学院之请所作的《革命文学与遵命文学》的演讲，就是《世界日报》的记者所写的"讲词大意"。

鲁迅比较集中的几次演讲，是在1927年春天，鲁迅从厦门刚到广州，就一连有几次的演讲。其实，从厦门出发前的1月8日，鲁迅的学生谢玉生在厦门中山中学兼课，鲁迅就应邀前往演讲了一次。当天的鲁迅日记云："谢玉生邀赴中山中学午餐，午后略演说。"可惜这次演说没有留文字记录。鲁迅于1月18日到达广州后，第二天即入住中山大学。刚一安定，就在25日、26日、27日进行了连续三次的演讲。1月25日鲁迅日记云："下午往中大学生会欢迎会，演说约二十分钟毕，赴茶会。"26日日记云："午后往医科欢迎会讲演半小时。"27日云："下午赴社会科学研究会演说。"这三次演讲，除了25日那次的内容在1937年5月《国立中山大学校报》上刊出外，后两次都没有留下讲稿和文字记录。到了这年的3月，鲁迅又有三次演讲，第一次是3月1日，据鲁迅日记云："午，中山大学行开学典礼，演说十分钟，下午照相。"这次演说，鲁迅是以教务主任的身份，听讲者有师生及来宾两千余人。记录稿初刊于《国立中山大学开学纪念册》上，题为《本校教务主任周树人（鲁迅）演讲辞》，后又改题为《读书与革命》，刊于4月1日出版的《广东青年》第三期上。第二次是11日，鲁迅日记云："晚往中山先生二周纪念会演说。"第三次是在29日，鲁迅日记云："上午往岭南大学讲演十分钟，同孔容之归，在其寓小坐。"这后两次的讲稿也没有留存下来。

鲁迅的演讲，据鲁迅日记载，还不止这些。但因为有的没有讲稿，有的没有记录，有的讲稿散佚，也就没有文字留下来，这实在是遗憾的事。这本《鲁迅演讲》，把能找到的鲁迅演讲，全部收录了。

《鲁迅序跋》

鲁迅一生中，写作了大量的序跋文字（题辞、题识、小引、校记、考、评语、签注、题记、前记、附识、跋、抄校说明、按语、后记等），有的是给自己的创作集作的序跋，有的是给自己翻译的图书作的序跋，有的是给自己编辑的图书作的序跋，有的是给朋友创作的图书作的序跋，有的是为自己创作的图书外文版作的序跋，有的是给古籍整理和地方文献考证作的序跋，另外还有给一些杂志或专栏写的按语等。凡是这些序跋文字，全部收录进《鲁迅全集》里了，粗略清点一下，有三百余篇。我这次选编的《鲁迅序跋》，由于体量原因，只选编了他个人创作的图书所作的序跋以及少量的外文版序跋。

早在1936年春天，就有热爱鲁迅作品的青年作家王冶秋希望能编辑、出版一本《鲁迅序跋集》，当时他还给鲁迅写了信，表明了自己的意见。病中的鲁迅一连给王冶秋写了三封信，在1936年4月5日夜间给王冶秋的信中说："序跋你如果集起来，我看是有地方出版的；不过有许多篇，只有我有底子，如外国文写的，及给人写了而那书终未出版的之类，将来当代添上。至于那篇四六文，是《淑姿的信》的序，初版已卖完，闻已改由联华书店出版，但我未见过新版，你倘无此书，我也可以代补的。《文学大系》序的不能翻印是对另印而言，如在《序跋集》里，我看是不成问题的。"在5月4日夜，鲁迅又复信给王冶秋，对《鲁迅序跋集》提出了新的要求："此集我至少还可以补上五六篇，其中有几篇是没有刊出过的；但我以为译序及《奔流》后记，可以删去（《展览会小引》《祝〈涛声〉》《'论语一年'》等，也不要）。"从这两封信中可以看出来，鲁迅不仅支持王冶秋编辑出版《鲁迅序跋集》，还给予了具体的指导和意见。甚至鲁迅还答应王冶秋，为《鲁迅序跋集》作序，但是，由于鲁迅正在病中，已经无法完成这篇序言了。在1936年7月11日给王冶秋的信中，鲁迅非常遗憾地说："事情真有凑巧的，当你的《序跋集》稿寄到时，我已经连文章也无力看了，字更不会写。"所以，这部书稿最终没有出版。鲁迅致王冶秋的三封信，《鲁迅全集》里都有收录。著名书话作家姜德明还根据这三封信，写有一篇《〈鲁迅序跋集〉的遭遇》一文，收录在《活的鲁迅》一书中。

我本来想把鲁迅致王冶秋的三封信作为附录收入《鲁迅序跋》中的，但由于要和另四本书保持一致的体例，终究是割爱了。

这本《鲁迅序跋》所收文章，始于《呐喊》自序，终于《野草》英文译本序，共计34篇。从这些序跋文字中，能大体看出鲁迅创作的脉络和风格的演进，也能体察出鲁迅坚韧、精深、博大的思想和永不屈服的情怀，在鲁迅的创作中，有着无与伦比的魅力和价值。

《鲁迅名言》

选编《鲁迅名言》是一件挨累不讨好的事。因为鲁迅的名言实在是太多了，且当代读者的认知又各有不同，标准不同，感受不同，所以对名言的定义也就不同。这里所选的鲁迅名言，是依据鲁迅早期的文集，并参考了人民文学出版社2005年版的《鲁迅全集》，请了几个编辑选出的。

二十多年前吧，许多工厂改制，工人全部下岗或转岗，也不分集体工人和全民工人，全部实行合同制。厂里的许多公共资产也随之流失，比如图书馆的大量图书，就被作为破烂卖掉了，有的化为纸浆，有的被懂行的小贩收购，作为旧书出现在街头巷尾，这些旧书摊上，就有许多鲁迅的书。除了大家熟知的《坟》《热风》《呐喊》《彷徨》《野草》《朝花夕拾》《故事新编》《华盖集》《华盖集续编》《而已集》《三闲集》《二心集》《南腔北调集》《伪自由书》《准风月谈》《花边文学》《且介亭杂文》等书而外，还有各种选本，仅《鲁迅杂文选》就有数十种，《鲁迅名言》更是庞杂，而且很多书都不是出版社正规出版的，都是各大学或企事业单位的某某革命组织选编的，印制也不精美。我喜欢逛旧书摊，看到五花八门的鲁迅图书，会选品相好的买一些，时间长了，居然把鲁迅生前自编的文集都聚齐了，也买了不少庞杂的、厚薄不等的《鲁迅名言》，偶尔拿过来读一读，感受感受，还会对照原书，把原文也读了。我读鲁迅杂文最多的时候，就是受"名言"的诱导再去找全篇来读的那一段时光。在阅读过程中，我还会关注页下的注释，看那些被鲁迅提到的各色人物，而注释里对这些人物的评价也各有不同，用现在的标准来看，实在是有意思。我会"按文索骥"地找这些人物的图书来读读，比如郑振铎、林语堂、梁实秋、郁达夫、徐志摩、曹聚仁、孙伏园、施蛰存等，我喜欢曹聚仁的散文，就是受这些注释的影响才购买曹聚仁的大量书籍的，这也可以说是"名言"给我带来的收获。

重读鲁迅名言,重新感受鲁迅名言散发的智慧之光,实在是一大享受。同时,"老毛病"作怪,又会"按文索骥"地找原文来读,又是不一样的感受。

2018年初春匆匆草于北京像素

《鲁迅诗歌》编后记

《别诸弟（庚子二月）》被认为是鲁迅现存最早的诗作。据周作人日记及其著作《鲁迅的故家》和《鲁迅小说里的人物》记载，1900年早春，鲁迅在南京江南陆师学堂所设的矿务铁路学堂读书回家过寒假，寒假结束后，在回到南京后托同学所带的家信中，抄录了《别诸弟（庚子二月）》三首。

南京是鲁迅离开故乡外出求学的第一站。周作人在《鲁迅小说里的人物·南京》一文中说："鲁迅往南京去，第一个进去的学校是江南水师学堂……他于戊戌春间进去，大概不到一年便出来了，于己亥改进了江南陆师学堂里附设的矿路学堂。"鲁迅到南京读书前和读书后，和周作人之间，经常有书信往来，也会在家书中夹寄诗文。周作人日记中多有记录，比如在戊戌年二月日记中说："廿四日：晴。接绍廿三日函，附来文诗各两篇。文题一云《义然后取》，二云《无如寡人之用心者》；诗题一云《百花生日》（得花字），二云《红杏枝头春意闹》（得枝字），寿洙邻先生改。"周作人认为在戊戌年，鲁迅还在三味书屋受业，"不过只是所谓'遥从'，便是不再上学，因为在好几年前他'十一经'早已读完了，现在是在家里自做诗文，送去请先生批改而已"。(《鲁迅小说里的人物》附录一《旧日记里的鲁迅》)又如戊戌年三月二十日，周作人日记云："下午接绍函，并文诗各两篇。文题一云《左右皆曰贤》，二云《人告之以过则喜》；诗题一云《苔痕上阶绿》(得苔字)，二云《满地梨花昨夜风》(得风字)。"周作人在说起鲁迅写作这些诗文时，有说明云："这些八股文试帖诗，现在说起来，有些人差不多已经不大明白是怎么样的东西了，但是在那时候是读书人唯一的功课，谁都非做不可的。"(《鲁迅小说里的人物》附录一《旧日记里的鲁迅》)

周作人日记里所记的"绍"，是指绍兴。"绍函"，即绍兴来信。此时周作人住在杭州花牌楼，陪侍因科考案入狱的祖父。关于这一段生活，周作人在《鲁迅的故家》里有较详细的记述。我有一年在上海小住，曾认真读过这本书，并根据这段材料，写了一篇《花牌楼》的中篇小说，发表在某一年的《文学港》杂志上。从周作人这两篇日记看，鲁迅此时还没有到南京读书，在家写八股文和试帖诗。他把经过先生修改的诗文寄给周作人看，一来是让周作人欣赏他的诗文，二来也有让周作人学习诗文的写作技巧之意，毕竟鲁迅比他年长几岁，诗文比他要好，还有先生的批改，通过对照原文和批改文，能提高写作技艺。周作人这两段日记很有意思，说明虽然鲁迅已经不再跟着老师读书了，诗文还是做的。不久后鲁迅去南京读书，在和周作人通信中，还会有诗文唱和。

鲁迅是戊戌年闰三月从绍兴去南京读书的。周作人在《旧日记里的鲁迅》一文中也有日记抄录，并详细说明了经过：戊戌年"闰三月初九日：雨。接越初七日函，云欲往金陵，已说妥云，并升叔柬一。""十二日：细雨，旋晴。下午兄同仲翔叔来，予同去。""十三日：晴，豫亭兄来别。"这里的豫亭，就是鲁迅。鲁迅本来号豫山。据周作人说，因为容易被人叫作"雨伞"，所以改了一个字，初为豫亭，后又改成豫才。这里的"升叔"，即鲁迅祖父的小儿子，比鲁迅先到江南水师学堂读书。他是怎么去读书的呢？周作人也有说明，曰："因为那时有本家（介孚公的同曾祖的堂弟）在江南水师学堂当监督，所以跑去找他，考进学校，至甲辰年毕业。"周作人这三段日记里所说的"仲翔叔"，即这位监督的次子。周作人说："所谓说妥大概是由仲翔去信接洽，伯升在旁帮助，事情成功了，鲁迅这才写信到杭州来，形式是请祖父允许，事实上却是非去不可，隔了一日就已经出来了。"从此，鲁迅开始正式在南京读书了。到了庚子年三月十五日，周作人收到鲁迅托同学从南京带回来的"洋四元"和"诗三首"的这封信。信中的三首诗，就是《别诸弟（庚子二月）》。

这里补记一笔：据周作人推测，这个带钱带诗的同学大概是丁耀卿，因为在全班同学中，只有他是绍兴人。不幸的是，丁耀卿因为肺病早早就去世了，周作人在辛丑年日记里有记载："十二月初三日：星期，放假。上午大哥来谈，云丁耀卿兄已于上月廿六日晚逝世，一叹。"周作人在《旧日记里的鲁迅》中有进一步的说明："他家在绍兴昌安门外，是鲁迅的同班好友，也是封燮臣家的亲戚，八月初到下关去迎接他们，因患肺病以至喉

头结核,已经声哑了,却不情愿回家去,终于客死南京。"鲁迅为好友作有一副挽联,云:

男儿死耳,恨壮志未酬,何日令威归华表。
魂兮归去,知夜台难瞑,深更幽魄绕萱帏。

这时候,周作人也到了南京,和鲁迅进了同一所学校读书了。

鲁迅旧学功底深厚,一生作旧诗并不多,但早年在南京读书期间,却作了《别诸弟(庚子二月)》《莲蓬人》《庚子送灶即事》《祭书神文》《和仲弟送别原韵(并跋)》《惜花四律(步湘州藏春园主人韵)》等多首。

我们还回到庚子年。

鲁迅在南京求学期间,会在寒暑假里回到绍兴,和周作人一起游玩、看戏、购书、走亲访友,周作人的日记里多有记载,如庚子年日记:"十二月朔日:雨。黎明忽闻叩门声,急起视之,乃是大哥自江南回来,喜出望外。""初三日:晴。上午同大哥往大街,又往试前一游。大哥购《曲园墨戏》一本,《百衲琴对句》一本,板(版)颇佳。""初八日:晴。上午同大哥往试前,邀鸣山叔同去,至大路荣禄春吃饺子,又往长庆寺一游,见老媪甚多,聚大殿中念佛。""十五日:晴冷。晨同大哥往大坊口看迎春,至则尚早,良久会稽典史始至,随至五云门外,即回。至东桑桥,山阴典史亦至,少顷山阴会稽两知县继至。天气甚冷,即行回家,日已亭午矣。春牛头白,腹背黄,胫青,角耳尾黑。""廿三日：晴冷。夜送灶，大哥作一绝送之，予和一首。""廿八日：晴。下午同大哥往大街，购李长吉《昌谷集》不得，遂购毛鹿纸一刀而返，计二百张，价洋五角。""三十日：晴。下午接神，晚拜佛，又向诸尊长辞岁。饭后同豫才兄祭书神长恩，作文侑之，稿存后。"从这段日记中得知，鲁迅回家过寒假时，和周作人经常逛街、看景、游玩，还买了几本书，特别是买了一本《曲园墨戏》。这本书的作者系国学大师俞曲园，老先生以字为画，虽然自称"墨戏"，亦颇为巧妙、有趣，作者未曾收入《春在堂全集》。更让人津津乐道的是，是书作者的曾孙俞平伯，多年后在北京大学读书，成了鲁迅和周作人的学生。而在送灶和除夕这两天，鲁迅写了两首诗，这就是本集中的《庚子送灶即事》和《祭书神文》。送灶是春节期间的传统节日，是为了规避灾祸、祈求福愿的一种仪式。段成式在《酉阳杂俎》卷十四里说："灶神名隗，状如美女。又姓张名单字子郭……常以月晦日上天，白人罪状。"鲁迅家是传统大家族，在祭灶后，鲁迅做诗一首，周作人又和一首，又是另一种纪念。

在全国范围内，民间都有祭灶的传统，日期大多在腊月二十三，也有在腊月二十四的。我小时候生活在农村，我们村的祭灶日就不一样，我家是二十三祭灶，村西"圩里"就是二十四。烧灶纸时，嘴里也要说些祝词。我祖母的祝词是："腊月二十三，送灶老上天关，多带粮食少带草，多多带俩精腚小。""精腚小"就是光着屁股的小伙子的意思。我们方言说小伙子的发音是"小服"，且服字是气声，发不出音来。我母亲在有一年祭灶后，给我们讲了一个故事，说她小时候和她祖母一起祭灶，她三叔叔在祭灶时说了对灶神不敬的话，被她祖母当场打了一顿，她三叔叔是这么说的："腊月二十三，灶老上天关，三天不动锅，容我慢慢（跟你）谈。"旧时祭灶，有三天不动锅的习俗——现在看来，这话也不算什么不敬。即便是祭灶，各地各家的重视程度也不一样。想必鲁迅的家乡绍兴更加重视，对锅灶有一种更高的崇拜。周作人在《鲁迅小说里的人物》里，有一篇《拆灶》，说过去故乡的村民发生纠纷，都是以拆灶为终结，"无论是家族或村庄聚众进攻，都是械斗的性质，假如对方同样的聚众对抗，便可能闹大，但得胜者的目的不在杀伤，只是浩浩荡荡的直奔敌人家去，走到厨下，用大竹杠通入灶门，多人用力向上一抬，那灶便即坍坏，他们也就退去了。似乎灶是那一家的最高代表，拆了灶便是完全坍台，如要恢复名誉，只有卷土重来，进行反攻，否则有人调停，即是屈服和解了"。

而在除夕祭书神，如今知道的人就不多了。海州板浦李汝珍在其神怪小说《镜花缘》第八十七回中有这样一段话："潘丽春道："古人言，司书之仙名长恩，到了除夕，呼名祭之，蠹鱼不生，鼠亦不啮。妹子每每用之有效。但遇梅雨时也要勤晒，若听其朽烂，大约这位书仙也不管了。"这里所说的"书神"的名字叫长恩。对于"书神长恩"的最早记载，有人考证是宋初吴淑的《秘阁闲话》，书中有这样的话："司书鬼曰长恩，除夕呼其名而祭之；鼠不敢啮，蠹鱼不生。"宋元时郭彖的《睽车志》、元人伊世珍的《琅环记》、明人张岱的《夜航船》、无名氏所撰的《致虚阁杂俎》等书所记载，字句与《秘阁闲话》基本相同，李汝珍在《镜花缘》借潘丽春所言，也是这样。

周作人在辛丑日记中继续记录了他和鲁迅的活动："辛丑正月初七日：晴。晚饭后同大哥下舟往道墟。出城已黄昏，放舟至道墟时过半夜，在官舱睡，夜中屡醒，不能安眠。""初八日：晴。晨饭后大哥往章宅拜岁，上午转至吴融马宅拜岁，留饭。午后开船至寺东社庙看戏，大哥往观，予不去。夜予亦去看，《更鸡》一剧颇佳，夜半回船寝。""初九日：晴。晨放舟至啸唫，早饭后往阮宅拜岁，少坐。回棹过贺家池，水天一色。城外巨浸之一也。下午回家。""廿三日：晴暖。下午同大哥及子衡叔往楼下陈看戏，遇朱氏舟，坐少顷，看演《盗草》《蔡庄》《四杰村》等。""廿五日：晴。上午大哥收拾行李，傍晚同椒生叔祖、子衡叔启行往宁。夜，用夏剑生《别诸弟》原韵，作七绝三首以送之。"这个寒假，鲁迅和周作人的日常生活还是十分丰富的，访亲拜岁，夜宿船中，还看了戏。鲁迅后来创作了《社戏》，大约青年时期的记忆给他留下了非常深的印象。在日记中还让人感受到，鲁迅和周作人在青少年时期的感情是十分深厚的。特别是在寒假结束前，鲁迅和同族长辈去南京后，周作人又大发诗情，用《别诸弟（庚子二月）》原韵，作诗三首：

一片征帆逐雁驰，江干烟树已离离。
苍茫独立增惆怅，却忆联床话雨时。

小桥杨柳野人家，酒入愁肠恨转加。
芍药不知离别苦，当阶犹自发春花。

家食于今又一年，美人破浪泛楼船。
自惭鱼鹿终无就，欲拟灵均问昊天。

诗成以后，周作人于正月二十八日把诗发往南京，并请鲁迅作答。鲁迅的回复于二月二十四到了绍兴周作人的手上，这就是本书收录的《和仲弟送别原韵（并跋）》三首。不久之后，即辛丑年三初二日，周作人收到鲁迅写给他的信，并夹有诗四首，这就是《惜花四律（步湘州藏春园元主人韵）》，按以往惯例，周作人把鲁迅的四首诗抄在了日记里。据周作人《旧日记里的鲁迅》一文说，这个藏春园主人"不知道这人是谁，只在介孚公带回的《海上文社日录》上见到原唱，上系'湘州'字样，可能是湖南人吧，鲁迅看见便来和了四首，也并未寄去，因为文社征诗还是以前的事情，这时早已过期了。"周作人是辛丑年八月初六到达南京的，七月十二日时，周作人日记云："祖母六旬寿辰。下午接大哥函，初六日发，云已与椒生叔祖说定，令予往宁，充水师副额学生，并嘱予八月中同封燮臣君出去。""八月初六日：小雨。上午江永船到南京下关，午至水师学堂，见椒生叔祖及升叔，少顷大哥亦至，傍晚回去。"至此，鲁迅和周作人就同在南京了。

可以这么说，如果没有周作人早年日记里抄录了鲁迅的诗，《鲁迅诗歌》就很难有现在的规模。同时，厘清鲁迅在青少年时期写作这些诗时的生活经历和文学活动，对理解鲁迅的早期思想和后期思想的形成，也大有帮助。这里需要多说一句，因为鲁迅旧学功底扎实，又读了大量的杂书，他在青少年时期的诗作就高出了同时代人的水准，比如"文章得失不由天"一句，就体现出相当高的艺术水准。诚然，这一句是从杜甫"文章千古事，得失寸心知"及陆游"文章本天成，妙手偶得之"演化而来，甚至还有陆游"灼然由我不由天"句式的活剥和套用，却说明鲁迅确实已经纯熟地掌握并发扬了诗艺技巧。而从他早期的六组十多首旧诗看，他化用、借用古人诗句及历史掌故和野史笔记里的趣事逸闻入诗的，有十多处，而且能游刃有余，得心应手，这都和他大量的阅读、思考和早期的活动分不开。后来，鲁迅到日本留学，眼界更为开阔，思想开始成熟，从写作《自题小像》开始，其诗歌风格和思想境界的演进，这里不作多赘。

这本《鲁迅诗歌》在选编过程中，还收录了鲁迅夹写在别的文章里的诗歌和一些译诗、童谣、民谣，不少都是别的鲁迅诗歌选集里没有收录的，比如《南京民谣》《好东西歌》《公民科歌》《"言词争执"歌》等。为了较全面反映鲁迅的诗歌创作，理顺从诗歌创作这条脉络中鲁迅思想的形成和发展，还把鲁迅的散文诗《野草》全部作为附录附后。

由于水平有限，选编不足之处，还望读者朋友批评指正。

2022年2月14日于北京常营天街鸿儒文轩

《狂人日记》编后记

《狂人日记》是鲁迅第一篇白话小说、第一篇日记体小说,也是新文学运动中第一篇白话小说,创作于1918年4月,发表于1918年5月15日的《新青年》第四卷第五号上,后收入小说集《呐喊》中。

关于这篇小说的写作,鲁迅在《呐喊》序言中有所说明:

S会馆里有三间屋,相传是往昔曾在院子里的槐树上缢死过一个女人的,现在槐树已经高不可攀了,而这屋还没有人住;许多年,我便寓在这屋里钞古碑。客中少有人来,古碑中也遇不到什么问题和主义,而我的生命却居然暗暗的消去了,这也就是我惟一的愿望。夏夜,蚊子多了,便摇着蒲扇坐在槐树下,从密叶缝里看那一点一点的青天,晚出的槐蚕又每每冰冷的落在头颈上。

那时偶或来谈的是一个老朋友金心异,将手提的大皮夹放在破桌上,脱下长衫,对面坐下了,因为怕狗,似乎心房还在怦怦的跳动。

"你钞了这些有什么用?"有一夜,他翻着我那古碑的钞本,发了研究的质问了。

"没有什么用。"

"那么,你钞他是什么意思呢?"

"没有什么意思。"

"我想,你可以做点文章……"

我懂得他的意思了,他们正办《新青年》,然而那时仿佛不特没有人来赞同,并且也还没有人来反对,我想,他们许是感到寂寞了,但是说:

"假如一间铁屋子,是绝无窗户而万难破毁的,里面有许多熟睡的人们,不久都要闷死了,然而是从昏睡入死灭,并不感到就死的悲哀。现在你大嚷起来,惊起了较为清醒的几个人,使这不幸的少数者来受无可挽救的临终的苦楚,你倒以为对得起他们么?"

"然而几个人既然起来,你不能说决没有毁坏这铁屋的希望。"

是的,我虽然自有我的确信,然而说到希望,却是不能抹杀的,因为希望是在于将来,决不能以我之必无的证明,来折服了他之所谓可有,于是我终于答应他也做文章了,这便是最初的一篇《狂人日记》。

这段话已经说得很明白了，鲁迅住在S会馆期间，天天无所事事，以抄古碑打发时间。常来找他闲聊的，是一个叫"金心异"的人。金心异看他无聊抄古碑，就动员他写点文章，鲁迅在和他进行了一番对话后，为了唤起几个人来"毁坏这铁屋"，便作了一篇《狂人日记》。

那么这个金心异是谁呢？他就是钱玄同。

钱玄同是浙江吴兴（今湖州）人，1887年9月出生。留学日本期间，钱玄同和周氏兄弟认识并相交进而成为好友。1908年，钱玄同与鲁迅、黄侃等人师从章太炎学国学，研究音韵、训诂学及《说文解字》。1910年回国后，曾任中学教员、浙江省教育总署教育司视学。1913年到北京，任北京高等师范学校及附属中学国文、经学讲师。1915年任北京高等师范学校国文部教授，兼任北京大学文字学教授。1917年年初，陈独秀任北大文科学长期间，把《新青年》编辑部搬到北京。钱玄同和陈独秀一起倡导文学革命，钱玄同成为"五四"新文化运动的揭幕人之一，倡导新文化，反对封建主义，提倡民主、科学。钱玄同还兼任教育部国语统一筹备会常驻干事，致力国语运动。他在《新青年》上发表《对文学刍议的反应》，激烈反对作文"用典"。1918年，《新青年》也在他的倡议和影响下，从第四卷第一号开始用白话文出版。同年，钱玄同正式成为《新青年》轮流编辑之一。

正是在这期间，钱玄同经常在下课以后，来找鲁迅闲谈。鲁迅在《呐喊》序里所说的S会馆，就是绍兴会馆。钱玄同的所谓闲谈，主要目的是动员鲁迅写文章。周作人在《鲁迅的故家》里，有一篇《金心异》，文中说：张勋复辟之后，钱玄同"从八月起,开始到会馆来访问,大抵是午后四时来,吃过晚饭,谈到十一二点钟回师大寄宿舍去。查旧日记八月中九日,十七日,廿七日来了三回,九月以后每月只来一回"。再来查看一下钱玄同日记,1917年和1918年钱玄同的日记不全。仅从现存日记查看,1917年9月24日日记云:"午后五时顷访蓬仙,就在他那里吃夜饭。八时顷访豫才兄弟。"9月30日日记云:"午后二时访蓬仙。四时偕蓬仙同访豫才、启明。蓬仙先归,我即在绍兴馆吃夜饭。谈到十一时才回寄宿舍。"这里的蓬仙即朱蓬仙,原名宗莱。《鲁迅全集》里对他有较详细的注释:"名宗莱,字蓬仙,浙江宁海人。留学日本时,与鲁迅同听章太炎讲学。归国后任北京大学预科讲师。"1917年10月13日日记云:"访周氏兄弟,谈到半夜才回寄宿舍。"鲁迅也在1937年9月30日日记中说:"朱蓬仙、钱玄同来。……旧中秋也,烹鹜沽酒作夕餐,玄同饭后去。月色极佳。"

那时,以钱玄同的选稿观点,《新青年》的来稿大多不合他的要求。1918年1月2日,钱玄同日记云:"午后至独秀处检得《新青年》存稿。因四卷二期归我编辑,本月五日须齐稿,十五日须寄出也。与独秀谈。移时,叔雅来,即在独秀处晚餐,同座者为独秀夫妇、叔雅夫妇及独秀儿女。"这里的"叔雅"即刘文典,此时也在北京大学任教授。钱玄同当天的日记又说:"叔雅亦为红老之学者,实与尹默有同情,其实即适之亦似微有老学气象,然我终不以此种主张为然。又独秀、叔雅二人皆谓中国文化已成僵死之物,诚欲保种救国,非废灭汉文及中国历史不可。此说与豫才所主张相同,吾亦甚然之。我意现在中国止有用杂种文字之一法，对于自己的历史，旧有的学术及普通之常语仍用汉文，但改文言为白话，至于新事、新物、新理，老实用西人名学、西字，以 Esperanto 为标准，因 E 为改良进化之西文，比专用某一国之西文或用拉丁文实在好得多，断不必白费心思，闹什么译音、译义。归宿舍已十一时矣。"这段话很有意思，在相当长的一段时间内，废除汉字，是钱玄同的主张，此主张当然很难实施了，还遭到周作人等朋友善意的嘲笑。不过这里他认为鲁迅（豫才）是赞成他的主张的。可能是他跟鲁迅闲聊时，常提及此，鲁迅随口一答或没答，他便认为鲁迅是赞成他的观点的。这天日记的最后一段，才谈到《新青年》的稿子："略检青年诸稿，有刘延陵论文学二篇，笔杂已甚。又有某氏之论理学稿，推说论理学之名可包名学、因明、Logic，而 L 不足以尽论理学。这是什么理，真是胡说乱道。还有一篇文章是论近世文学的，文理不通、别字满纸，这种文章也要登《新青年》，那么《新青年》竟成了毛厕外面的墙头，可以随便给什么人来贴招纸的了。哈哈！这真可笑极了。选录尹默、半农诸人的白话诗数首始睡。"钱玄同不但选稿严，还嘲弄来稿者，而最后选的，还是他北大的同人之作。1月3日日记又说："午后因婠贞出门，携《新青年》四卷二号之稿至家中检阅，计可用者不及五十 Pago，尚须促孟和、独秀多撰，始可敷用。"关于《新青年》的稿子，可能真的为难了这位新文化运动的先驱了。1月5日，钱玄同还托人抄"旅欧俭学之情形及移家就学之生活"一段，以备登《新青年》四卷二号。黄昏时，还"撰林玉堂之《汉字索引制》跋一篇，约千余字，亦预备登《新青年》者。"这是稿子不够，亲自写了。1月

10日，钱玄同日记曰："将《尝试集》序修改一番，即登入《新青年》四卷二号。"1月12日日记曰："至大学上课二小时。独秀交来《新青年》用稿一篇，题为《人生真义》，约千八百字左右，做得很精，又李守常《论俄国革命与文学》一稿，可留为第三号用。"这里的守常即李大钊。1月13日，钱玄同日记曰："……答李锡余信，约四百字，《新青年》四卷二号之稿齐矣，明日当交与独秀。"从钱玄同的日记看，组齐一期的稿子，确实不容易，本来是1月5日须齐稿，一直到13日才齐，好在15日寄出没有耽误。

钱玄同日记缺1917年11月和12月，1918年1月日记全，2月时记不记，3月记到3月4日，后缺，所以便不再知道他的具体编稿、写稿诸事。查鲁迅1918年2月、3月、4月的日记，钱玄同共造访周氏兄弟9次之多，而每次又均是夜间造访，多半会引起护院的狗的狂吠，所以鲁迅在《〈呐喊〉自序》中才有一句"因为怕狗，似乎心房还在怦怦的跳动"的生动描述。此外，从周作人的相关文章中，也知道钱玄同是经常在课余去绍兴会馆找鲁迅兄弟闲聊天的。正是在他的"软磨硬泡"下，鲁迅答应给他写一篇白话小说，这就是引起广泛轰动的《狂人日记》。

关于这篇《狂人日记》，不消说，钱玄同相当满意：首一是完全符合钱玄同倡导的白话文的形式；其二是体裁——《新青年》中其他的文学式样都有了，唯缺小说，有了这篇白话小说，可以大大提振《新青年》的影响力；其三是小说的内容，喊出了"救救孩子"的强音。

《狂人日记》虽然是小说，也不是完全的虚构。主人翁，有原型作为参考。周作人在《鲁迅小说里的人物》里，有一节《狂人是谁》，文中写道："篇首有一节文言的附记，说明写日记的本人是什么人，这当然是一种烟幕，但模型（俗称模特儿）却也实有其人，不过并不是'余昔日在中学校时良友'，病愈后也不曾'赴某地候补'，只是安住在家里罢了。这人乃是鲁迅的表兄弟，我们姑且称他为刘四，向在西北游幕，忽然说同事要谋害他，逃到北京来躲避，可是没有用。他告诉鲁迅他们怎样的追迹他，住在西河沿客栈里，听见楼上的客深夜橐橐行走，知道是他们的埋伏，赶紧要求换房间，一进去就听到隔壁什么哺哺的声音，原来也是他们的人，在暗示给他知道，已经到处都布置好，他再也插翅难逃了。鲁迅留他住在会馆，清早就来敲窗门，问他为什么这样早，答说今天要去杀了，怎么不早起来，声音十分凄惨。午前带他去看医生，车上看见背枪站岗的巡警，突然出惊，面无人色。据说他那眼神非常可怕，充满了恐怖，阴森森的显出狂人的特色，就是常人临死也所没有的。鲁迅给他找妥人护送回乡，这病后来就好了。因为亲自见过'迫害狂'的病人，又加了书本上的知识，所以才能写出这篇来，否则是很不容易下笔的。"周作人所记已经很明白了。

在另一节《礼教吃人》里，周作人评价道：《狂人日记》的中心思想是礼教吃人。这是鲁迅在《新青年》上所放的第一炮，目标是古来的封建道德，以后的攻击便一直都集中在那上面。"接着说：

> 第三节中云："我翻开历史一查，这历史没有年代，歪歪斜斜的每页上都写着'仁义道德'几个字。

我横竖睡不着,仔细看了半夜,才从字缝里看出字来,满本都写着两个字是'吃人'!"章太炎在东京时表彰过戴东原,说他不服宋儒,批评理学杀人之可怕,但那还是理论,鲁迅是直截的从书本上和社会上看了来的,野史正史里食人的记载,食肉寝皮的卫道论,近时徐锡麟心肝被吃的事实,证据更是确实了。此外如把女儿卖作娼妓,清朝有些地方的宰白鸭,便是把儿子卖给富户,充作凶手去抵罪,也都可以算作实例。鲁迅说李时珍在《本草纲目》上说人肉可以做药,这自然是割股的根据,但明太祖反对割股,不准旌表,又可见这事在明初也早已有了。礼教吃人,所包含甚广,这里借狂人说话,自然只可照题目实做,这是打倒礼教的一篇宣传文字,文艺与学术问题都是次要的事。果戈理有短篇小说《狂人日记》,鲁迅非常喜欢,这里显然受它的影响,如题目便是一样的,但果戈理自己犯过精神病,有点经验,那篇小说的主人公是'发花呆'的,原是一个替科长修鹅毛管笔尖的小书记,单相思的爱上了上司的小姐,写的很有意思。鲁迅当初大概也有意思要学它,如说赵贵翁家的狗看了他两眼,这与果戈理小说里所说小姐的吧儿狗有点相近,后来又拉出古久先生来,也想弄到热闹点,可是写下去时要点集中于礼教,写的单纯起来了。附记中说"以供医家研究",也是一句幽默话,因为那时报纸上喜欢登载异闻,如三只脚的牛,两个头的胎儿等,末了必云"以供博物家之研究",所以这里也来这一句。这篇文章虽然说是狂人的日记,其实思路清彻,有一贯的条理,不是精神病患者所能写得出来的,这里迫害狂的名字原不过是作为一个楔子罢了。

周作人对于《狂人日记》的分析和评价,道出了这篇小说的宗旨。朱自清两次在不同的文章里谈到了《狂人日记》,他的话也说出了很多人的心声,表明这篇小说在新文化运动中的影响之深远。

这里可以多说一句,钱玄同从鲁迅这里拿到了《狂人日记》,这篇小说发表后引起的巨大反响,让他更加相信鲁迅就是一座新文学创作的宝库。可以说,每次访问鲁迅,钱玄同都有收获,都给他以鼓舞。经钱玄同之手,鲁迅在《新青年》发表的作品,仅小说就有《孔乙己》《药》《风波》《故乡》等。1918年4月,《新青年》又辟了"随感录"栏目,发表对社会和时事的短评。鲁迅从1918年9月五卷三号开始为"随感录"栏目撰稿,到1919年11月六卷六号,共发表《生命的路》等杂感27篇,这些杂感全部收入杂文集《热风》里。此外,受胡适新诗集《尝试集》的影响,鲁迅也尝试新诗写作,在《新青年》上一共发表《梦》《爱之神》《桃花》《他们的花园》《人与时》《他》等6首新诗。很多年以后,钱玄同在回忆这段往事时还认为当时的周氏兄弟的思想是国内数一数二的,"所以竭力怂恿他们给《新青年》写文章。民国七年(1918年)一月起,就有启明(周作人)的文章,那是《新青年》第四卷第一号,接着第二、三、四诸号都有启明的文章。但豫才则尚无文章送来，我常常到绍兴会馆去催促，于是他的《狂人日记》小说居然做成而登在第四卷第五号里了。自此以后豫才便常有文章送来，有论文、随感录、诗、译稿等，直到《新青年》第九卷止（民国十年下半年）。"翻看钱玄同1919年日记，1月12日日记曰："访豫才兄弟，半农亦在。"1月21日日记曰："晚访周氏兄弟。"1月24日日记中也谈到了鲁迅，并赞赏鲁迅的观点。

总之，鲁迅后来在新文学创作上取得了重大成功并成为新文学的一面旗帜，钱玄同的劝驾不无功劳，而《狂人日记》又是双方合作的第一炮。所以，鲁迅才在《呐喊》序言中把这段珍贵的交往记录了下来。

《狂人日记》创作于1918年4月，是一篇划时代的作品，理应得到重视。但是其篇幅只有5千字左右，单独成书显然不太可能。所以又将鲁迅创作的日记体随笔选了几篇，即《马上日记》《马上支日记》《马上日记之二》；此外，又把鲁迅于1918年写的日记收入。

我们把鲁迅的《狂人日记》和他的三篇日记体随笔及他于1918年写的日记汇编成一本书，这是一件特别有意义的工作：小说是虚构作品，但也有其生活的影子；日记体随笔在纪实的基础上经个人选择且有渲染的成分；日记则是完全个人化的。这三种不同的"日记"，能让读者从不同的角度去理解鲁迅思想的形成过程。

2022年9月28日急就于北京常营天街

我写《花牌楼》

我有一套三十多卷、止庵校订并写序的"周作人自编集",经常把其中的《鲁迅的青年时代》《鲁迅的故家》《鲁迅小说里的人物》《知堂回想录》等拿出来翻看,有的翻看了数十次,都翻旧翻烂了,仍然常翻不停。像《鲁迅的故家》里的许多人和事,我看了多遍仍不觉得乏味,越翻越有兴趣,越翻越有新感觉,我看过的其他鲁迅传记与之相比,其内容都无法和这本书相提并论。不仅是内容,更绝妙的是,从中能体会到周氏文章及文风的妙境,就像一个老人坐在你面前,娓娓拉着家常。我还从《鲁迅的故家》《鲁迅的青年时代》和《知堂回想录》等书里得到启发,准备写作一些小文章玩。中篇小说《花牌楼》,就是读这些书的产物。

大约四五年前,我在上海住过一段时间——应该有八九个月之久吧,协助朋友校读、整理他的作品。当时我住在复旦大学老校区附近的一个小区里,晚上或周末双休时,会到街上散漫地走走，吃吃好吃的小馆子，进入猛不丁映入眼帘的小书店或某个名人的故居。有一天，我在一条不长的小街上，偶然发现一家二手书店。书店营业面积不小，从一楼到二楼全是书，一楼通往二楼的楼梯上，也是层层叠叠的书，二楼还设计了类似于维也纳金色大厅二楼走廊那样的回廊，也是装满了书架，摆满了书，人们可以在回廊里挑选。整个店铺，除了能容人通过的地方，都是书。我走进书店，仿佛一下子落进了书的海洋。就是在这个海洋里，我淘到了不少我喜欢的书籍，关于巴金和巴金故居的画册就有好几种，还有几本上海鲁迅纪念馆编印的《上海鲁迅研究》。在第二次进入书店后，我发现在一个不显眼的角落里，有几十本模样差不多的、厚薄不一的小书，这便是"周作人自编集"。跟在我身后的年轻店员说，这是一个整套，可能只少了两三种，如想要，还可以在折上再打折，并且承诺，如果缺的几本能找到，会再打电话约我来补齐。我想都没想，就把这几十本书打包扛回宿舍了。简单查点一下，全套应该是37种小书，不是少了两三种，而是少了五种。我核对差缺的书，就有《鲁迅的故家》《鲁迅的青年时代》和《知堂回想录》。当我再次去书店把差缺的书单交给店员后，店员兴奋地说，《鲁迅的故家》刚找到一本，还有《知堂回想录》的上册。我立即又补买了。走出书店，在隔壁小咖啡馆里，我用了整整一下午加一个晚上的时间，一边喝咖啡吃东西，一边把这两本书读完了。于是我知道鲁迅故家的许多旧人往事，知道"东昌坊口""新台门""老台门""三味书屋""拱辰桥""上坟船"，知道"介孚公""潘姨太""杨家三姑娘""走婆"，知道"老寿先生""阿长""阿桂""阮升""单妈妈""姚老太太""羊肉店石家的媳妇"等。不知何故,这些既熟悉又陌生、既新鲜又陈旧的人名和地名,让我兴奋不已。当掩卷沉思时,旧时代的这些景象和气息又都像活了一样,出现在我的眼前,勾起我无限的想象。

回到住所以后,这套几十本的小书就成了我床头的常备读物,许多书里的许多篇章,我不止读了一遍,比如《鲁迅的故家》里的《介孚公》和《介孚公二》,《知堂回想录》里的《父亲的病》《夜航船》《花牌楼》《几乎成为小流氓》,比如《鲁迅的青年时代》里的《鲁迅与清末文坛》《鲁迅在南京学堂》等,都是我经常闲翻的。在《介孚公》和《介孚公二》里,有关于介孚公行贿的描写,诸如他如何行贿又如何败露,直到投案自首,被判了"斩监候"——就是"死缓"的意思,然后被押到杭州府狱里等候处斩,写得很明白。这期间,鲁迅父亲又病逝,导致了家道中落,由富裕人家往中下等人家急速过渡。家庭的变故,也直接影响了周氏兄弟的生活和成长,甚至影响了一生。而坐牢的介孚公,在最初的害怕之后,因族人疏通了关节,便渐渐平静下来,还把小妾潘姨太和小儿子接到杭州陪侍。因小儿子要到南京读书,周作人便补了缺,来到了杭州,和祖父的妾一起住在离府狱不远的一个叫花牌楼的巷子里。周作人陪侍期间,鲁迅还来过一次,不久后也去南京求学了。

在《知堂回想录》里,我更是重点地把介孚公(鲁迅的祖父)在杭州监狱的篇章反复读了多遍,特别是关于花牌楼那三篇,更是都读熟了,文中烦人的臭虫、偷吃冷米饭、买荆川纸、描红、帮潘姨太抄小戏书、罗汉松下和三姑娘一起挖老井、戏台前听戏、介孚公在府狱里检查作文等情节，可谓构成了一幅19世纪末的风俗画卷。通过进一步的阅读，我发现周作人关于花牌楼的文章和诗，居然有十篇（首）之多，其中在南京老虎桥写作的《花牌楼》诗三首的其中一首，专门怀念了生活在花牌里的几位女性。

在我不断阅读和反复构思中，一部小说的基本情节和人物情态成型了，于是，在大上海一个普通小区的一间单元房里，我开始了这部小说的写作，题目就叫《花牌楼》。小说以鲁迅祖父介孚公坐牢为背景，以周氏兄弟少年成长为线索，以"阿作"和"三姑娘"朦胧情感为主题，写了那个时代的风情风貌。初稿用了两周时间，写了约有五万字。写完后继续翻看《鲁迅的故家》和《知堂回想录》里的相关情节，又重读了周作人的名篇《初恋》，认真体会了文中周作人对杨家三姑娘情感的萌发和思念，对小说进行了修改，删减了一万余字，去除一些枝蔓，使情节更加紧凑，故事更加集中。特别是小说的结尾部分，更是借了《初恋》的元素——周作人在文中借阮升来说花牌的事："杨家的三姑娘，患霍乱死了。"文章又不无遗憾而惋惜地感叹道："我那时也很觉得不快，想象她的悲惨的死相，但同时却又似乎很是安静，仿佛心里有一块大石头已经放下了。"我让小说的情节作了反转，三姑娘"死后"被连夜送到乱葬坑，又奇迹般地活了回来，由于受到月黑风高天的惊吓，被人救起时已经疯掉了，嫁给了救她的人的傻儿子。然后这还没有完，我让男主人翁在返回杭州的快船上，又和三姑娘重逢，一瞬间，已经疯掉的三姑娘似乎认出了男主人翁。但她还是让自己疯着，骑到了傻丈夫的脖子上,"骑马"回家了。

　　小说写出来以后,我并没有急于投稿,而是颇有野心地准备再写几篇,至少要把鲁迅去南京读书和初到北京住在绍兴会馆的故事再写出来,凑成三部曲。但是各种事情接踵而来,特别是2008年年底,我接手了一本杂志的编务工作,开始忙于杂事,不得不暂时停笔。一晃就到了2013年春天,其时我已经在北京帮助一家文化公司做出版方面的选题策划工作,更没有时间搞文学创作了。这时候,一个朋友要约小说稿件,手头又没有现成的,便想起了这部《花牌楼》,找出来略加修订交给了他。不久后,《花牌楼》发表在2013年第九期的《文学港》上。

　　这就是《花牌楼》的写作经过。

2013年10月3日于连云港河南庄

朱自清和鲁迅家的关系

1936年9月26日，朱自清日记云："访鲁迅太太，借二十元，为吉人婚事也。"

朱自清为什么要访"鲁迅太太"？日记上没有说明，但后一句"为吉人婚事也"，从中可见端倪。吉人，即朱吉人。为了弄清朱自清和绍兴朱家的关系，及和朱安的远亲关系，有必要把朱自清和朱吉人的身世搞搞清楚。

先说朱自清。据朱自清二弟朱国华在回忆朱自清的文章中披露："我家原是绍兴人氏，母亲周姓，与鲁迅同族。外祖父周明甫是有名的刑名师爷，曾在清朝以功授勋。周朱两姓门户相当，常有联姻，均为当地大族。鲁迅的原配夫人朱安，也是我家的远亲。"（《难以忘怀的往事》，《江苏文史资料第57辑·朱自清》，江苏文史资料编辑部1992年版）。

1948年8月26日，在朱自清逝世十多天以后，他的好友、同事浦江清先生写了一篇《朱自清传略》，文中有这样的话：朱自清"原籍浙江省绍兴县人,祖父讳则余,字菊坡,祖母吴氏。祖父为人谨慎,在江苏东海任承审官十余年,民国纪元前七八年退休,迁居扬州。父讳鸿钧,字小坡,母周氏。"

该传略和朱国华都说得很明白,朱自清原籍是浙江绍兴县(现为绍兴市)人。实际上,这是指他的朱家的谱系。为什么这么说呢?因为朱自清的家世较为复杂——朱自清原本姓余,高祖父叫余月笙,浙江绍兴人,在扬州做官,住在甘泉衙门楼上。酒后不小心坠楼身亡。夫人不堪忍受突发之灾,跳楼殉夫。其子余子擎年幼,被浙江绍兴同乡朱氏收养,遂改姓朱,余子擎成为朱子擎,即朱自清的曾祖父。改姓不久,朱家搬到苏北涟水县花园乡居住,朱子擎和当地首富乔家小姐成婚,他给儿子起了个极有意味的名字——朱则余。朱,则余,也就是"姓朱其实是姓余",提醒他不要忘了祖宗。朱则余字菊坡。仿效朱自清在《我是扬州人》里那肯定的口气说话,朱则余就出生在江苏涟水花园庄。朱则余是朱自清的祖父,他娶妻吴氏,生子取名鸿钧,字小坡,即为朱自清的父亲。朱自清的母亲叫周绮桐。

再来说朱吉人。朱吉人是朱安弟弟朱可铭的儿子,1912年出生于绍兴水沟营丁家弄9号,原名朱积成(鲁迅日记里作"稷臣"),后才改名吉人。朱吉人共有兄妹五人,他排行老大;二弟叫朱积功,早年病故;三弟朱积厚;四弟朱积金;最小的是妹妹,叫朱晚珍。据杨志华《朱吉人与朱安及鲁迅》一文中说:朱吉人生活在三代同堂的大家庭中,其父朱可铭有妻室二房,但唯有他母亲能生养,因此他从小就深受家里人的喜欢。姑母朱安也特别喜欢他,经常请鲁迅家的佣人阿福接他到家里玩。朱安随鲁迅一家搬到北京以后，双方的见面虽然暂时中断，但书信交往一直比较频繁。当时朱家的书信都由朱可铭出面，北京的书信都由鲁迅出面。据鲁迅日记和鲁迅书信中反映，1913年4月至1931年5月，鲁迅和朱可铭书信交往的记录就有23次之多。朱可铭患病及病故后，朱家的家政就由长子朱吉人主持了。朱家与鲁迅家的通信，就由朱吉人接手。据鲁迅日记，1930年9月到1931年6月间，鲁迅与朱家的礼仪交往与经济援助等记录有6次之多，都是朱吉人出面。遗憾的是，这些书信都没有保留。

1926年，朱吉人因家族经济困难停学。1928年冬，由母亲托亲戚介绍到上海的广东路洋袜厂门市部当学徒。当时，二弟在浙江省立第五中学读书，三弟在县二小读书，四弟未入学，妹妹年幼，一家老少八口生活困难，想求鲁迅帮忙，终因难以启齿而未果。1931年，朱可铭在绍兴病故，二弟学费发生困难，于是朱吉人通过姑母朱安，请周建人（在上海商务印书馆工作）帮忙解决，直到中学毕业。1932年朱吉人祖母（即朱安母亲）中风去世，朱吉人成了家里的顶梁柱，工资收入难以持家，便托请周建人介绍二弟朱积功报考上海商务印书馆的练习生，不料经考试落选，抱病回绍兴后，竟忧郁而终。后来，周建人介绍他三弟朱积厚到民友印书社等处工作。

朱安此时在北京陪伴鲁太夫人，过着寂寞、孤独而清苦的生活，便想将长侄朱吉人召到北京作为养子，以便将来有所依靠。1934年5月16日，朱安写信给鲁迅，征询他对此事的看法。5月29日，鲁迅给母亲写信，并要她转达朱安，"京寓离开已久，更无从知道详情及将来，所以此等事情，可请太太自行酌定，男并无意见,且亦无从有何主张也。"既然如此,朱安后来也就自行决定了。

这里还有一个小插曲,《朱吉人与朱安及鲁迅》的作者杨志华在 1987 年调访朱吉人时,朱吉人告诉杨志华,因为当时他作为长子要照料母亲及弟妹,难以脱身,没有北上。那么朱吉人结婚是在 1936 年 9 月,而且是从上海回绍兴办了仪式,朱自清是怎么知道朱吉人结婚的呢?而且借款是"为吉人婚事也"。笔者推测,有两种可能:一是,朱自清此时和鲁迅家(北京)依然保持着密切的联系,朱吉人结婚这么大的事,肯定会知会姑母,进而告诉朱自清;二是,朱自清此时依然和绍兴的朱家保持通信联系,知道朱吉人结婚事,又知道朱吉人是朱安的继子,因而去朱安家道贺。但是,朱自清日记里的"借二十元",是朱自清借给"鲁迅太太"呢,还是"鲁迅太太"借给朱自清?鲁迅每月定期给北京的家里汇款,"鲁迅太太"应该不缺钱,比较合理的解释是,朱自清访"鲁迅太太"时,得知朱吉人结婚了,由于身上没带钱,就借了朱安的钱汇给了朱吉人。

朱吉人的身世,再一次证明朱自清的二弟朱国华所说的:"鲁迅的原配夫人朱安,也是我家的远亲。"

至于朱吉人以后的生活,亦概略如下:

朱吉人在绍兴结婚后,于 10 月初回到上海,不久惊悉鲁迅逝世,他只到万国殡仪馆以一般群众的身份瞻仰了鲁迅的遗容,因为姑母有信嘱咐,不要以亲戚的身份参加任何与鲁迅有关的活动。抗日战争开始后,朱吉人失业,他从上海到北京的姑母家小住一段后,又回到江南,往返于上海和绍兴,一直到 1943 年才再次来到北京，在朱安及老夫人的挽留下，暂留北京陪伴二位老人。不久，老夫人于4月22日去世，朱安生活更为清苦，曾动员朱吉人将妻儿接到北京居住，但因闲居半年无业可就，朱吉人想回到上海。朱安知道后，托人介绍他去唐山工作。朱吉人临行前，朱安还把她63岁时在院子里拍摄的一张照片送给了朱吉人。朱吉人在唐山工作期间，每逢重大节日便会回北京探望姑母。1946年底，朱吉人因不断接到上海的母亲和弟妹催回的信，回到了上海，先在江南造船厂当临时工，后来又摆了个小烟摊。1947年8月，就在朱安去世不久，他出了车祸，截去左下肢，成了残疾人。新中国成立后，经同乡知友介绍，朱吉人在一家小厂做零活。公私合营后，该小厂并入上海家用化学品厂。1972年，朱吉人从该厂退休。

1987年10月，朱吉人将自己保存多年的朱安的照片，和鲁迅在东京的一张西装短发照，捐给了上海鲁迅纪念馆。

2022年2月15日于北京常营天街

从"新打油诗"说起

《野草》一书里,收有一篇和全书风格不太一样的"拟古的新打油诗"——《我的失恋》。鲁迅做这首打油诗的前因后果和造成的影响,已经有许多人写过文章了,原本我也不用凑这个热闹。但在编"走近鲁迅"丛书的时候,我又得便看了几篇这方面的相关文章,发现每一篇都各有侧重,也各有所漏,所表达的意思不尽相同。我查对了《鲁迅全集》和相关书籍,把这些材料重新归纳、勾连,从客观的角度,更全面地再重述一遍,让关心那段公案的读者朋友读到相对全面的版本,相信也能让读者朋友有更新鲜的认识。

先说"打油诗"这种题材,相传是唐代一个张打油创造的,最著名的就是那首《雪》,诗曰:"江上一笼统,井上黑窟窿。黄狗身上白,白狗身上肿。"这首诗的妙处是,通篇未写一个"雪"字,却能让人感到满篇都是雪,并且格调诙谐,轻松幽默,十分传神。因为这位诗人经常写这类诗,并且常有惊人之句,这类诗就被冠以"打油诗"了。香港作家董桥，对于那些不高明的诗人以自嘲的口吻称自己的诗是打油诗时，很不屑地说：呸，你也配打油。可见打油诗也是不容易做的，不仅要用语通俗，诙谐精巧，还要有相当高明的意境。

再说鲁迅的这首打油诗，不仅在前边加了个"新"字，还有"拟古"二字，足见鲁迅也是用了心思的。"新"，是指"五四"以后胡适之等人倡导的白话诗，"拟古"，是指他这首诗的源头——汉代张衡的《四愁诗》。该诗列举了东、西、南、北四个方向的地名，分别是泰山、桂林、汉阳、雁门，诗人在这四个地方寻找心中的美人，而绝世美人又不可得，引起了诗人内心的惆怅和伤感。《四愁诗》的每节都按"所思、欲往、涕沾、赠我、何以报、怀忧"的次序来描写。鲁迅所拟的"古"，就是这首诗。

现将《我的失恋——拟古的新打油诗》抄录如下：

  我的所爱在山腰；
  想去寻她山太高，
  低头无法泪沾袍。
  爱人赠我百蝶巾；
  回她什么：猫头鹰。
  从此翻脸不理我，
  不知何故兮使我心惊。

  我的所爱在闹市；

想去寻她人拥挤,
仰头无法泪沾耳。
爱人赠我双燕图;
回她什么:冰糖葫芦。
从此翻脸不理我,
不知何故兮使我胡涂。

我的所爱在河滨;
想去寻她河水深,
歪头无法泪沾襟。
爱人赠我金表索;
回她什么:发汗药。
从此翻脸不理我,
不知何故兮使我神经衰弱。

我的所爱在豪家;
想去寻她兮没有汽车,
摇头无法泪如麻。
爱人赠我玫瑰花;
回她什么:赤练蛇。
从此翻脸不理我。
不知何故兮——由她去罢。

鲁迅写这首新打油诗,据他在《三闲集·我和〈语丝〉的始终》里说,当时他给《晨报副刊》投稿,因为副刊的编辑是他的学生孙伏园,稿子登得就快些。但是有一天,孙伏园跑到鲁迅的寓所,对他说:"我辞职了。可恶!"鲁迅问其辞职的原因,"不料竟和我有了关系",鲁迅写道,报社新来的一个留学生,"到排字房去将我的稿子抽掉,因此争执起来,弄到非辞职不可。但我并不气忿,因为那稿子不过是三段打油诗,题作《我的失恋》,是看见当时'阿呀阿唷,我要死了'之类的失恋诗盛行,故意做一首'由她去罢'收场的东西,开开玩笑的。这诗后来又添了一段,登在《语丝》上,再后来就收在《野草》中。"这段文字说得比较详细了,有写作的缘由,又有稿子被《晨报副刊》抽下的原因,最后收到了《野草》中。那个抽鲁迅稿子的留学生叫刘勉己,这个刘勉己也倒霉,在抽稿时,还被孙伏园揍了一顿,孙在《回忆伟大的鲁迅》一文中说:"抽去这稿,我已经按捺不住火气,再加上刘勉己又跑来说那首诗实在要不得,但吞吞吐吐地又说不出何以'要不得'的理由来,于是我气极了,就顺手打了他一个嘴巴,还追着大骂他一顿。"事实上,鲁迅和孙伏园并没有完全说透彻。其实他所说的"失恋诗盛行",是有所特指的——针对徐志摩的一首爱情诗《去吧》。徐的这首诗最先发表在1924年6月17日的《晨报副刊》上,诗曰:

去吧,人间,去吧!
我独立在高山的峰上;
去吧,人间,去吧!
我面对着无极的穹苍。

去吧,青年,去吧!
与幽谷的香草同埋;
去吧,青年,去吧!
悲哀付与暮天的群鸦。

去吧,梦乡,去吧!
我把幻景的玉杯摔破;
去吧,梦乡,去吧!
我笑受山风与海涛之贺。

去吧,种种,去吧!
当前有插天的高峰;
去吧,一切,去吧!
当前有无穷的无穷!

徐志摩这首诗的背景,是他此时正处在失恋状态中——追求林徽因未遂,心情极度苦闷,便才情迸发而创作了这首情诗。这首诗在青年中影响很大。鲁迅是《晨报副刊》的忠实读者,看到这首诗后,用他自己的话说,"开开玩笑的",便跟了一首诗,就是上述提到的"拟古的新打油诗"——《我的失恋》。大约刘勉己看出鲁迅这首诗是有影射的,弄不好会把玩笑开大,也许是为息事宁人计,才决定要抽下来,没想到惹恼了鲁迅和孙伏园,也成就了中国文坛一段有趣的公案。孙伏园辞职后,便和一帮志同道合的朋友办了《语丝》周刊，由他亲自主持，鲁迅的这首诗便在《语丝》上发了出来。平心而论，徐志摩的诗还是不错的，而鲁迅的打油诗也不失通俗、诙谐的品格，并且带有嘲讽的内容，有着隔山打牛的意思。孙席珍在《鲁迅诗歌杂谈——读鲁迅先生几首诗的一些感想和体会》中也认为，这首诗就是针对徐志摩的，还考证分析说：一曰猫头鹰，是指徐作的散文《济慈的〈夜莺颂〉》；二曰冰糖葫芦，暗指其所作一首题为《冰糖葫芦》的二联诗；三曰发汗药，是从徐与人论争时说的一句话抽译出来的；四曰赤练蛇，是从徐的某篇文章中提到希腊神话里的人首蛇身女妖引申出来的。

然而，此事并没有就此结束，鲁迅在1934年12月20日《集外集》的序言中写道："我更不喜欢徐志摩那样的诗，而他偏爱到处投稿，《语丝》一出版，他也就来了，有人赞成他，登了出来，我就作了一篇杂感，和他开一通玩笑，使他不能来，他也果然不来了。这是我和后来的'新月派'积仇的第一步；语丝社同人中有几位也因此很不高兴我。"那个时代的文风很好，经常打笔仗。对徐志摩诗歌欣赏和不欣赏的人，都可以写文章批评，有的近乎玩闹。比如上海《小日报》，就刊登一首《第一诗人》的诗，署名丹翁，诗曰："诗人居第一，中国徐志摩。徐君富理智，妙处固自多。我不工徐体，不敢评泊之。我苟效徐体，且以徐为师。"这首看似吹捧的诗，多少也有点儿戏谑的成分。

鲁迅写"打油诗"，不止这一首，我在编《鲁迅诗话》时，就发现了多首"打油"之作。比如发表于1924年11月17日《语丝》周刊第一期的《"说不出"》，文中就嵌有一首打油诗，曰：

"宇宙之大呀，我说不出；父母之恩呀，我说不出；爱人的爱呀，我说不出。阿呀阿呀，我说不出。"这是鲁迅在看了周灵均发表在《京报·文学周刊》的《删诗》而写的一篇批评文章，反对周的观点，并且在这篇文章里嵌了这首打油诗来讽刺。再比如在《华盖集》里，有一篇《咬文嚼字》，写作于1925年6月5日，发表于同年6月7日的《京报副刊》上，文中有一则说："据考据家说，这曹子建的《七步诗》是假的。但也没有什么大相干，姑且利用它来活剥一首，替豆萁伸冤：煮豆燃豆萁，萁在釜下泣——我烬你熟了，正好办教席！"还比如收在《集外集拾遗》里的一篇《南京民谣》，也是打油体。诗曰："大家去谒灵，强盗装正经；静默十分钟，各自想拳经。"鲁迅看透了蒋介石政权的钩心斗角和争权夺利，便利用"民谣"的这种形式，对国民党内部的假正经、真摩擦进行了讽刺，可谓入木三分。

值得一说的，还有1931年出版的《二心集》，书中有一篇《唐朝的钉梢》，文中说："上海的摩登少爷要勾搭摩登小姐，首先第一步，是追随不舍，术语谓之'钉梢'。'钉'者，坚附而不可拔也，'梢'者，末也，后也，译成文言，大约可以说是'追蹑'。据钉梢专家说，那第二步便是'扳谈'；即使骂，也就大有希望，因为一骂便可有言语来往，所以也就是'扳谈'的开头。"后面，鲁迅引用他读《花间集》里张泌的一首诗"晚逐香车入凤城，东风斜揭绣帘轻，慢回娇眼笑盈盈。消息未通何计是，便须伴醉且随行，依稀闻道太狂生"，写了一首打油诗，总结了这种钉梢，诗曰：

>夜赶洋车路上飞,
>东风吹起印度绸衫子,显出腿儿肥,
>乱丢俏眼笑迷迷。
>难以扳谈有什么法子呢?
>只能带着油腔滑调且钉梢,
>好像听得骂道"杀千刀"!

此诗虽然不完全是鲁迅的原创,"打油体"的幽默、讽趣也是十分好玩的,诗中所谈,也由"钉梢"发展成了"扳谈"。

借古典诗词打油的,还有1933年1月31日写的《崇实》里的一首,后来这篇文章收在《伪自由书》里,该诗也是由崔颢的《黄鹤楼》改造后的打油体,诗曰:

>阔人已骑文化去,
>此地空余文化城。
>文化一去不复返,
>古城千载冷清清。
>专车队队前门站,
>晦气重重大学生。
>日薄榆关何处抗,
>烟花场上没人惊。

这首打油诗的背景,在《崇实》里是这样的,日本人已经虎视眈眈了,"北平的迁移古物和不准大学生逃难,发令的有道理，批评的也有道理，不过这都是些字面，并不是精髓"。又说，"倘说，因为古物古得很，……但我们也没有两个北平，而且那地方也比一切现成的古物还要古。……为什么倒撇下不管，单搬古物呢？说一句老实话，那就是并非因为古物的'古'，倒是为了它在失掉北平之后，还可以随身带着，随时卖出铜钱来"。而"大学生虽然是'中坚分子'，然而没有市价，假使欧美的市场上值到五百美金一名口，也一定会装了箱子，用专车和古物一同运出北平，在租界上外国银行的保险柜子里藏起来的"。于是便有了上述这首辛辣的打油诗了。特别末一句"烟花场上没人惊"最为尖刻，把当时的政治生态和民众生态淋漓尽致地描写了出来。

鲁迅给大众的印象，通常都是横眉冷对的，其须发直立，严肃无趣，毫无人情味。其实研究过鲁迅的人都知道，他也是一个风趣而幽默的人。早年鲁迅给许广平写信，讨论北师大校长压制学生的事，末尾的祝福语是"顺颂嚷祉"，意思是祝她和校方吵架幸福快乐。我在《鲁迅至萧红书信里的文学话题》里还写到过对萧红和萧军的称呼的变化，也有些调皮的意思："萧军的本名叫刘军，萧红的笔名叫悄吟，1934年萧红和萧军从哈尔滨来到上海后，一直同居，鲁迅给他们写信，抬头都是'刘、吟'相称。早期的信上，鲁迅还有些顾虑，称他们为'两位先生'，但后边的祝语，是'俪安'。鲁迅第一次祝'俪安'的时候，还在信末半真半假地问：'这两个字抗议不抗议？'可能是得到萧军、萧红的默许吧，以后就都是'俪安'了。在对萧红的称呼中，随着交往的逐渐深入，也经历过几个变化，由'先生'，到'兄'，到'悄吟太太'。"这种称呼的变化，是因为初相识时不明白他们的底细,所以就胡乱称呼一番,也带有点儿试探的意思,待到明白后,就称"悄吟太太"了。

书信中常有幽默,写文章同样也不失幽默的态度,比如他收在《故事新编》里的那篇《奔月》,有一段嫦娥和羿的对话,能把人笑喷:

> "哼!"嫦娥将柳眉一扬,忽然站起来,风似的往外走,嘴里咕噜着,"又是乌鸦的炸酱面,又是乌鸦的炸酱面!你去问问去,谁家是一年到头只吃乌鸦肉的炸酱面的?我真不知道是走了什么运,竟嫁到这里来,整年的就吃乌鸦的炸酱面!"
>
> "太太,"羿赶紧也站起,跟在后面,低声说,"不过今天倒还好,另外还射了一匹麻雀,可以给你做菜的。女辛!"他大声地叫使女,"你把那一匹麻雀拿过来请太太看!"
>
> 野味已经拿到厨房里去了,女辛便跑去挑出来,两手捧着,送在嫦娥的眼前。
>
> "哼!"她瞥了一眼,慢慢地伸手一捏,不高兴地说,"一团糟!不是全都粉碎了么?肉在那里?"
>
> "是的,"羿很惶恐,"射碎的。我的弓太强,箭头太大了。"
>
> "你不能用小一点的箭头的么?"
>
> …………

这段对话，读来真让人忍俊不禁。而嫦娥奔月的原因，竟是羿的射术太高明了，把大动物都杀死吃光了，最后只能射麻雀来做炸酱面吃，嫦娥吃腻了，很生气，就独自奔月了。如果把这个故事写成诗，一定又是一首打油体。

鲁迅喜欢做打油诗，是他的一种幽默，他是借幽默来抒发自己的情怀和感想，借幽默来批判社会诸多不公和不良现象的，是另一种形式的"战斗"。

这里可以岔开一笔，鲁迅的弟弟周作人也爱作打油诗，并且专门命名为《苦茶庵打油诗》，达二十八首，不过瘾，又写了《苦茶庵打油诗补遗》二十一首。但我读下来，周作人的打油诗，未免过于"正经"，还不够完全的打油。这就有意思了，写了不少篇没有标榜是打油诗的鲁迅（除了那首《我的失恋——拟古的新打油诗》），写了多篇打油诗，而标榜打油诗的周作人却不怎么打油，这就是幽默的态度不同吧。

2019年10月30日于燕郊潮白河畔

下编

鲁迅家的餐桌

"补树书屋"的茶饭

周作人在《鲁迅的故家》一书的第四部分"补树书屋旧事"一辑里,有一篇《茶饭》,是说鲁迅住在绍兴会馆时吃饭喝茶的事,一篇只有五百来字的短文,后半部分的文字是谈茶饭事的:"平常吃茶,一直不用茶壶,只在一只上大下小的茶杯内放一点茶叶,泡上开水,也没有盖,请客吃的也只是这一种。饭托会馆长班代办,菜就叫长班的大儿子(算是听差)随意去做,当然不会得好吃,客来的时候到外边去叫了来。在胡同口外有一家有名的饭馆,还是李越缦等人请教过的,有些拿手好菜,如潘鱼,砂锅豆腐等,我们当然不叫,要的大抵是炸丸子、酸辣汤,拿进来时如不说明便不知道是广和居所送来的,因为那盘碗实在坏得可以,价钱也便宜,只是几吊钱吧。可是主客都不在乎,反正下饭总是行了,擦过了脸,又接连谈他们的天,直到半夜,佣工在煤球炉上预备足了开水,便径自睡觉去了。"

这里的客,是指金心异,即钱玄同。在《茶饭》之前的两篇《金心异》和《新青年》中，钱玄同每次来补树书屋，都要和鲁迅喝茶长谈，谈久谈累了，便吃饭，再谈久谈累了，钱玄同才离开。鲁迅的第一篇白话文小说及其后的许多文章，都是在这样的闲谈和钱玄同的"怂恿"、催促下构思完成的。周作人在《金心异》一文中说：1917年6月间，张勋复辟之后，钱玄同"从八月起，开始到会馆来访问，大抵是午后四时来，吃过晚饭，谈到十一二点钟回师大寄宿舍去。查旧日记八月中九日，十七日，廿七日来了三回，九月以后每月只来一回。"再查钱玄同日记，1917年和1918年钱玄同的日记不全。仅从现有日记查看，1917年9月24日日记云："午后五时顷访蓬仙，就在他那里夜饭。八时顷访豫才兄弟。"9月30日日记云："午后二时访蓬仙。四时偕蓬仙同访豫才、启明。蓬仙先归，我即在绍兴馆吃夜饭。谈到十一时才回寄宿舍。"这里的蓬仙即朱蓬仙，原名宗莱。《鲁迅全集》里有他较详细的注释："名宗莱，字蓬仙，浙江宁海人。留学日本时，与鲁迅同听章太炎讲学。归国后，任北京大学预科教授。"1917年10月13日日记云："访周氏兄弟，谈到半夜才回寄宿舍。"再查看1919年日记，从1月7日至21日，短短十多天的时间里就访了三次。从日记中可以看出，钱玄同有过几次夜饭的记载，少不了都是叫广和居的炸丸子、酸辣汤。

鲁迅在补树书屋的生活是简朴的，饮茶吃饭都很平常，周作人文中记述得也明白，叫两个广和居的普通小菜，就可待客了。鲁迅1912年5月初到北京时，吃饭都是东一顿、西一顿一个人解决的，从大饭店到小吃铺都吃过，大饭店有北京当时有名的"八大楼""八大居"等，有人曾做过统计，大大小小吃过的饭馆，大约有六十家。周作人在"补树书屋"的《益锠与和记》一文中说："部里中午休息，鲁迅平常就不出来，买点什么东西充饥，有时候也跑到外边来吃，在手边略为有钱的时候。教育部在西单牌楼迤南，不多几步就是西单大街，吃饭很是方便，鲁迅去的有两个地方，一是益锠西餐馆，一是和记牛肉铺，益锠并没有什么特别，只是平常的一家餐馆罢了，和记在绒线胡同的拐角，也是平常的一家肉铺，可是楼上有'雅座'，可以吃东西。它的肉铺门面朝着大街，但朝北的门可以出入，走上楼梯，在一间半的屋子里有两三顶桌子，吃的都是面类，特别的清汤大块牛肉面最好。这地方外观不雅，一般的士大夫未必光临，但是熟悉情形的本地人却是知道的。鲁迅往和记的次数也比益锠要多得多，每次必定拉了齐寿山同去，我想这地方大概是齐君告诉他的，我只记得有一次还拉了一个陈师曾同去，至于许寿裳似乎不曾同去过。过了十年之后，看见和记大举的扩充，在它的东边建造起高大的楼房来，正式开张饭馆兼旅馆，想见它在过去赚了不少的钱，可是改建之后生意似乎并不太好，不久旅馆倒闭，连那牛肉店也关门了。鲁迅傍晚回到会馆，便吃那里的饭，除临时发起喝啤酒，茵陈酒，去叫广和居的炸丸子之外，有时在星期日叫佣工买一只鸡或肘子，白煮了来喝酒，此外添菜则有现成的酱肘子或清酱肉，以及松花即是南方的皮蛋，大抵也是喝酒时才添的。"

　　周作人这里所记述的几家饭馆，在鲁迅日记里也时有记录。正如周作人所说，鲁迅上班时，都在益锠西餐馆或和记牛肉铺吃饭，下班回会馆，如果要喝酒了，就叫广和居的菜，有专人送到会馆。看来,如今的外卖并不新鲜,早在鲁迅的时代就有了。关于去和记吃饭,鲁迅日记里有相同的记载,如1918年1月23日曰:"午二弟来部,并邀陈师曾、齐寿山往和记饭。"2月1日曰:"午二弟来部,复同齐寿山往和记饭讫阅小市。"3月15日曰:"午二弟至部,并邀齐寿山往和记饭。"4月19日曰:"午二弟来部,同至和记饭,并邀齐寿山。"5月10日曰:"午二弟来部,同齐寿山到和记饭。"12月6日曰:"午二弟至部,邀齐寿山至和记饭。"12月28日曰:"午二弟至部,邀齐寿山往和记饭。"

这些记录,居然和周作人文中所记如出一辙。

回会馆以后,鲁迅不仅会叫广和居的"外卖",也多次去用餐。仔细数一数鲁迅日记里关于去广和居吃饭的记载,从1912年5月,到1919年11月搬到八道湾时止,居然有六十六次之多。

广和居是一个什么样的馆子呢?据近代学者崇彝在《道咸以来朝野杂记》一书中所记:"广和居在北半截胡同路东,历史最悠久,盖自道光中即有此馆,专为宣(武门)南士大夫设也。其肴品有炒腰花、江豆腐、潘氏清蒸鱼、四川辣鱼粉皮、清蒸干贝等,最为脍炙人口。故其地虽狭窄,屋宇甚低,而食客趋之若鹜焉。"这部书,主要是记载清道光、咸丰以来直到二十世纪三十年代北京掌故旧闻的笔记。作者崇彝(1884—1951),姓巴鲁特,字泉孙,号巽庵等,六十后号裕庵,别署梅隝散人、选学斋主人等,隶属蒙古正蓝旗,清朝咸丰朝文渊阁大学士柏俊之孙。崇彝出生世家,喜爱书画收藏及鉴赏。除《道咸以来朝野杂记》外,还著有《选学斋集外诗》《选学斋书画寓目笔记》《选学斋书画寓目续编》《选学斋诗存》《汉碑杂咏》《枯杨辞》等,辑有《雅颂诗赓》。

周作人在《鲁迅的故家》"补树书屋旧事"这一辑里,最后一篇叫《星期日》,也是讲鲁迅的吃喝的,在记述鲁迅到琉璃厂闲逛之后,说:"从厂西门往东走过去,经过一尺大街,便是杨梅竹斜街,那里有青云阁的后门,走到楼上的茶社内坐下,吃茶点替代午饭。那里边靠墙一带有高级的坐位,都是躺椅,鲁迅不但嫌它枕垫不洁,而且觉得那么躺着吃茶可以不必,懒洋洋的样子也很难看,所以他总是挑选桌子坐的,靠边固然更好,否则屋子中央的方桌也没有什么关系。泡茶来了之后,照例摆上好些碟子来,这与南京茶馆的干丝相同,是堂倌额外的收入,鲁迅不吃瓜子,总适宜的吃他两三样蜜饯之类,末了叫包子汤面来吃,那东西很是不差,我想和东安市场的五芳斋比较,大概是有过之无不及吧。"

从这些记述里,大致知道鲁迅当年从初到北京,到搬至八道湾和周作人家合住前的日常茶饭,读来还是有些意思的。

2022 年 4 月 1 日于北京常营天街

鲁迅和茶

1933年,鲁迅在《申报》"自由谈"栏目以各种笔名发表了几十篇文章,后来结集为《准风月谈》,其中有一篇署名丰之余的《喝茶》,开头就说:"某公司又在廉价了,去买了二两好茶叶,每两洋二角。开首泡了一壶,怕它冷得快,用棉袄包起来,却不料郑重其事的来喝的时候,味道竟和我一向喝着的粗茶差不多,颜色也很重浊。"这段看似平常的文字,却能让人想象得出鲁迅先生用棉袄包茶壶的神情来,以及没有喝出好感觉来的失望之态。好在醒悟得快,接着写道:"我知道这是自己错误了,喝好茶,是要用盖碗的,于是用盖碗。果然,泡了之后,色清而味甘,微香而小苦,确是好茶叶。但这是须在静坐无为的时候的,当我正写着《吃教》的中途,拉来一喝,那好味道竟又不知不觉的滑过去,像喝着粗茶一样了。"这里"拉"一喝,很是形象——这么随意而粗枝大叶地对待好茶,它所贡献的味道,当然也是随意的了。于是鲁迅继续感叹道:"有好茶喝,会喝好茶,是一种

'清福'。不过要享这'清福',首先就须有工夫,其次是练习出来的特别的感觉。由这一极琐屑的经验,我想,假如是一个使用筋力的工人,在喉干欲裂的时候,那么,即使给他龙井芽茶,珠兰窨片,恐怕他喝起来也未必觉得和热水有什么大区别罢。"本来是谈喝茶雅事和休闲怡情的,结果,鲁迅笔锋一转,又回到了一贯的创作风格上来,抒发对劳苦大众的同情,以及对骚人墨客之于"秋思"无病呻吟的反感。这才有文章最后的结语:"不识好茶,没有秋思,倒也罢了。"

陪伴鲁迅一生的,除了书,还有酒、茶、烟,特别是茶。和烟一样,茶是鲁迅一生不离手的两样"宝"之一。周作人在《鲁迅的故家》里,有几篇关于茶的记述,如《茶水》《吃茶》《茶饭》等。在《茶水》一篇里,就是记述鲁迅小时候家里吃茶用水的事:"一面起早煮饭,一面也在烧水泡茶,所以在吃早饭之前就随便有茶水可吃,但是往安桥头鲁家去作客,就大不方便,因为那里早晨没有茶吃,大概是要煮了饭之后再来烧水的。"这是讲自家的旧例和外婆家的区别。而在自己家里,茶是这样存放和这样喝的:"大茶几上放着一把大锡壶,棉套之外再加草囤,保护它的温度,早晚三次倒满了,另外冲一闷碗浓茶汁,自由的配合了来吃。夏天则又用大钵头满冲了青蒿或金银花汤,等凉了用碗舀,要吃多少是多少。"青蒿或金银花都是消夏的良品,长期饮用,还能抵抗疾病。用现在的话说,这茶就是中医养生保健的药饮。至于烧茶的水,"则用的是天落水,经常在一两只七石缸里储蓄着,尘土倒不要紧,反正用明矾治过,但蚊子的幼虫(俗名水蛆)却是不免繁殖起来,虽然上面照例有两片半圆的木板盖着。话虽如此,茶水里边也永看不见有煮熟了的水蛆,这理由想起来也很简单,大抵打开板盖,把'水竹管'(用毛竹一节削去大部分外皮,斜刺的装一个柄,高可五寸,口径二寸余的舀水竹筒)放进水里去的时候,噗咚一下那些水蛆都已乱翻跟斗的逃开了,要想舀它也不容易。"周作人的描述我是相信的——我小时候在外婆家,看到外婆往水缸里挑水,水满后,也要用明矾打,那水缸底部,便会有一层浅灰色的泥垢。那么鲁迅家平常家用的是什么茶叶呢?"向来习惯只吃绿茶,请客时当然也用龙井之类,平时只是吃的一种本山茶,多出于平水一带,由山里人自做,直接买卖,不是去问茶店买来的。绍兴越里的茶店都是徽州人开的,所卖大概都是徽杭的出品,店伙对客人说绍兴话,但他们自己说话便全用乡谈,别人一句都听不懂了。"

周作人的另一篇《吃茶》,是讲鲁迅在日本留学时的茶事,文中先把老家的习惯再说一遍:"草囤里加棉花套,中间一把大锡壶,满装开水,另外一只茶缸,泡上浓茶汁,随时可以倒取,掺和了喝,从早到晚没有缺乏。"日本的情形,又是别样的了,周作人如是道:"日本也喝清茶,但与西洋相仿,大抵在吃饭时用,或者有客到来,临时泡茶,没有整天预备着的。"但是鲁迅不改家乡的习惯,"用的是旧方法,随时要喝茶,要用开水,所以在他的房间里与别人不同,就是在三伏天,也还要火炉,这是一个炭钵,外有方形木匣,灰中放着铁的三脚架,以便安放开水壶。茶壶照例只是所谓'急须',与潮汕人吃工夫茶所用的相仿,泡一壶只可供给两三个人各一杯罢了,因此屡次加水,不久淡了,便须换新茶叶。这里用得着别一只陶缸,那原来是倒茶脚用的，旧茶叶也就放在这里边，普通顿底饭碗大的容器内每天总是满满的一缸，有客人来的时候，还要临时去倒掉一次才行。所用的茶叶大抵是中等的绿茶，好的玉露以上，粗的番茶，他都不用，中间的有十文目，二十目，三十目几种，平常总是买的'二十目'，两角钱有四两吧，经他这吃法也就只够一星期而已。买'二十目'的茶叶，这在那时留学生中间，大概知道的人也是很少的。"鲁迅回国后，先在浙江、江苏一带做事，后随教育部到北京，开始住在绍兴会馆的补树书屋里，周作人在《茶饭》一文中，说到鲁迅的吃茶，是"一直不用茶壶，只在一只上大下小的茶杯内放一点茶叶，泡上开水，也没有盖，请客吃的也只是这一种"。也会去茶馆喝茶，那便是青云阁。青云阁在琉璃厂，鲁迅大都在星期天才去，喝茶时上多种小碟子，就以茶点当午饭了。

　　鲁迅到了上海以后，日记里经常有买茶叶的记录，本文开头即是一例。当然，鲁迅也会去茶馆，最典型的一次是在1934年2月12日，鲁迅的当天日记云："下午同亚丹往ABC茶店吃茶。""亚丹"即曹靖华。鲁迅和曹靖华是在1929年11月开始通信联系的，并约曹靖华翻译苏联作家绥拉菲摩维支的长篇小说《铁流》，后来这部作品由鲁迅主持的三闲书屋出版，他还专门写了"编校后记"。鲁迅和茅盾、胡风在ABC茶店也吃过茶，和这二公一起，大约是讨论"左联"的事也未可知。至于在家里，鲁迅一直都是喝茶的，萧红在回忆鲁迅的文章里多有提及。在内山完造的书店里，无论是在谈工作，还是闲聊时，也一直离不开茶。鲁迅和内山完造及不少书店职员都相处得很好，有的成朋友，除赠以字画外，也会互赠其他礼品。书店店员儿岛亨还在书店关门后，煎茶和鲁迅同饮。1934年9月2日，在内山完造去日本省亲时，鲁迅还给他送了礼，有肉松、火腿、盐鱼、茶叶四种。

和许多爱喝茶的人一样，茶伴随了鲁迅的一生。

2022年4月3日初稿于北京像素

鲁迅家用菜谱中的"煎鳎目"

《上海鲁迅研究》第六辑上,有一篇《鲁迅家用菜谱》,是许广平当年亲手记录的,记录时间共达六个半月,只是为了结账方便,所以只有月日而没有年份。王寿松在《鲁迅家用菜谱》的"说明"中考证认为,此菜谱的记录年限,应该是"1927年11月至1928年6月"。又进一步说:"鲁迅和许广平是1927年10月到达上海的,先住共和旅馆,后迁入景云里。鲁迅从广东到上海,'原没有定居下来的念头的,因自厦门到广州,他如处于惊涛骇浪中,原不敢设想久居的。所以购置家具,每人仅止一床、一桌、二椅等便算足备了。没有用工人,吃饭也是建人先生以及他的同事们在一起(许广平《景云深处是吾家》)。正因如此,一切家具力求简单,也没有必要去添置众多的厨房用具……而当时上海又盛行包饭作,即由饭馆做好饭菜后派人送上门来。因此,鲁迅初到上海时,很可能采用吃'包饭'的就餐形式。"从菜谱记载上看,每天只包中午和晚上的饭菜,早点自己解决。菜肴一般是三四个菜，大多是两荤一素，荤菜以鸡鱼肉蛋为主，而且几乎每天都吃鱼虾，或鱼松、虾松、鱼丸、熏鱼等鱼类制品，也有虾和蟹，还吃过两三次炒海参。烹饪方式是煎、炒、炖都有。海鱼当中有曹白鱼（鳓鱼）、鱿鱼、鲳鱼、鲈鱼、鲑鱼、白饭鱼（银鱼）、墨鱼、刀鱼、黄鱼、达沙鱼和鳎目鱼。这里重点说说鳎目鱼。

鲁迅家餐桌上的鳎目鱼，是从1928年4月18日开始吃的，那天的记录是："煎鳎目鱼；咸菜炒肉丝；青菜。"至这年的5月14日，在二十七天时间里，共吃了五次鳎目鱼，而且全是油煎。

鳎目鱼的学名叫舌鳎鱼，外号很多，如鳎板鱼、鞋底鱼、牛舌头、左口、海秃、鳎沙子，等等，清代聂璜所著的《海错图》称其为"箬叶鱼"。箬叶，即竹叶，也还形象。海州湾一带有人称之为鳎板子。

我有个朋友，下馆子点菜，看到玻璃水箱里养着活的鳎目鱼，大声对服务员说："来这条大鳎板子！"这条鳎目鱼确实不小，比一般椭圆形的盘子还要长，足有三斤重，说大鳎板子名副其实。朋友身材不高，人也瘦弱，说话口气大，点一条斤把重的鲻鱼，会说："来，把这条大鲻鱼红烧了。""来，煮一盘大海螺。"实际上，水煮海螺大了反而不好吃，有鸭蛋那么大正好，而他手指的海螺，也不过鸡蛋那么大。有时候，夸张更加过分，比如点一盘海米冬瓜，也是这样的口气："来来来，大海米烧冬瓜。"就连泥螺，也是如此："爆炝一盘大泥螺。"凡此种种，好像只要是海鲜，在他看来都应该是"大"，不说"大"，就仿佛对海鲜不敬。其实，海州湾沿岸的居民，都喜欢说小海鲜，因为家常餐桌上，基本都是潮间带的物产。

鳎目鱼有着喜欢躲藏的生活习性，比如浅海的泥滩或礁石下的沙滩上，它会潜伏着一动不动。有的生长在海边的孩子会在盛夏季节的海岔子里，或入海口的芦苇丛中摸到它——只需在淤泥里两手划拉，碰到滑沓如牛舌头一样的东西，千万不要以为是烂鞋底，一把逮住了，放进渔篓里，否则，稍一犹豫，它就挣脱逃逸了。鳎目鱼以低等浮藻类为食，也吃小鱼小虾，要进食时，还会来点伪装术，把泥沙搅动起来，盖在身上，像是泥滩的一部分，等着小鱼小虾游过来，从它身前经过时，一口吞下，然后迅速回到原地，继续伪装，伺机觅食。鳎目鱼不喜欢群居，大多是独自生活，渔民会在近海逮到它。逛水产市场时，经常会看到它和许多小杂鱼混在一起，真的不过竹叶子那么大，感觉可惜了。

鳎目鱼中的目，应该是指它的眼睛了。鳎目鱼的眼睛比较有意思，别的鱼眼都是两边对称，它却在鱼体的一侧——幼鱼时，也是两边对称，待到二十天过后、约一厘米长时，便发生了变异，一只眼睛，从一侧移到了另一侧，像麻将牌中的二饼。专家说，这是通过头颅上的软骨条再吸收而做到的。同样，鼻孔也移到了具有两只眼的一侧或有颜色的一侧。

鲁迅家在不到一个月的时间里，吃了五次煎鳎目鱼，看来此鱼深得鲁迅家及其几个搭伙人的喜欢。从菜谱上分析，鲁迅家餐桌上的菜是以广帮菜和绍帮菜居多。这也不奇怪，因为女主人来自广州，男主人和三弟周建人又是绍兴人，自然要吃合口味的菜肴了。当然，也辅以上海地方风味的菜肴。除了煎鳎目鱼外，其他的还有煎鲳鱼、煎黄鱼、煎腊鱼、煎大虾、煎刀鱼、煎白饭鱼等，从中可以看出，鲁迅家是爱吃油煎类食物的。煎，是烹饪中的一种方式，即热锅里放油，把食物放进去，适当加热，使食物两面变黄至熟。为了便于比较，以1928年4月18日至5月31日为例，鲁迅家共吃了各种煎鱼虾二十多次，其中除五次煎鳎目鱼外，还有六次煎鲳鱼，四次煎黄鱼，三次煎大虾，一次煎刀鱼，还有几次只写"煎鱼"，没说是什么鱼。也许有人会说，鲁迅家的伙食不错嘛。那么我们从两个角度来比较一下，一个是吃饭的人口，除鲁迅、许广平外，还有搭伙的周建人一家及周建人在商务印书馆的两个同事，共六七口人；第二是以买书为例，在这段时间里，鲁迅一个月平均买书花费近五十元钱，而每月菜金也不过二十来元，每人一月三块钱左右。在当时的上海，每人一个月的伙食花费三块钱左右，也就是中等人家的生活水平吧。

实际上，鳎目鱼除油煎外，红烧、清蒸都不错。上海濒海临江，鱼虾丰富，此后鲁迅家不再包饭，许广平烹饪海鲜、江鲜时，应该采用更多样的方式吧。

2021年9月25日于北京像素

鲁迅家用菜谱中的"鲑鱼干炖肉"

上海鲁迅纪念馆藏有一本《鲁迅家用菜谱》，记录了鲁迅家大半年日常吃饭的菜肴，每天中、晚两顿，十分清晰，每十天汇总的钱款也记得明明白白。从菜单上看，几乎每天都有鱼虾等水产品，如蒸鱼、煎沙鱼、炒海参、鱼片蒸蛋、油豆腐酿鱼、虾膏烧肉、红烧鳜鱼、粉丝虾米、芽菜炒虾、鱼丸炖黄芽菜，等等，有时一天吃两顿鱼，还吃过几次鲑鱼干炖肉。

鱼干炖肉是江南一带的家常菜。鱼干有海鱼，也有江鱼或湖鱼，有的是腌制的咸鱼干，有的是不加盐的淡鱼干。文友皇甫卫明曾送过我几次长江白鱼干，淡的，吃前要用水发，清蒸最好。鱼干炖肉一般都是咸鱼干较多（也不用问为什么，觉得这样最适合），以没有乱刺的鱼品为上，兑少许红萝卜片更佳。鲁迅家吃的是鲑鱼干——鲑鱼的品种很多，海水、淡水的都有，据说有六十多种鱼都可称鲑鱼，比如产自我国东北江河里的大马哈鱼，还比如鳟鱼、三文鱼等。太平洋里的鲑鱼也称大马哈鱼，用颜色分可分红鲑、粉鲑、银鲑等。鲁迅是绍兴人（还有在他家搭伙的三弟周建人一家），又在日本留学多年；许广平是广州人，珠三角一带也是江河纵横、湖泊遍布。他们从小就吃惯了水产品。而他们所居住的上海更是临江濒海，水产品十分丰富。所以，他们家日常生活离不开鱼虾就十分正常了。而鲑鱼干炖肉，我数了一下，在菜谱里居然有八次之多。一来，这道菜烧制不复杂，又很合鲁迅一家的口味；二来，鲑鱼干价格不贵，更容易买到——二十世纪二三十年代太平洋的鲑鱼产量很大，上海又是通商口岸，干货店很多，所以就一吃再吃了。比如一九二七年十二月一日中午的菜为两荤一素，即蒸鳜鱼、鲑鱼干炖肉、白菜（一顿吃两种鱼），到了本月七日，不改花样地又吃了一次鲑鱼干炖肉，还有一道炸蚝（两种海味）。

在日本料理中，鲑鱼也可以做生鱼片。北京三里屯一带有几家日料馆子，我和朋友们去过几家，每家都有一道三文鱼，切成片状或条状、块状，分散摆在一大盘冰上，点缀得十分好看——肉是粉色、红色或黄色的，鱼肉的剖面上，分布着好看的白色花纹，也有纯黄色和红色的，有可能也是鲑鱼的一种吧，或金枪鱼也未可知，乍看像是一盆五彩斑斓的鲜花，十分艺术。

看过一个纪录片，专门讲大马哈鱼从太平洋来黑龙江、乌苏里江、图们江和珲春河溯流而上产卵的过程，那么多鱼拥挤在清澈的河道里，拼命往上流游去，场面十分壮观。通过解说，知道大马哈鱼本性凶猛，幼鱼以水中的底层生物或昆虫为食，成年后专吃海洋里的小鱼或鱿鱼，且食量不小，生长也快，成鱼能长到三四斤，大的能长到十来斤。有一年出差去黑龙江佳木斯市，朋友开车几个小时去抚远鱼乡吃全鱼宴。北方毕竟是北方，才过国庆节，已经感受到硬硬的寒冷了，晚上得穿厚厚的羽绒服。我来自鱼米之乡，对于朋友说的全鱼宴心生怀疑，没想到真的让我大开了眼界，吃到了大马哈半生鱼片、鱼心炒尖椒和清蒸鱼块，余鱼丸子更是鲜嫩无比，关键是吃到了一道大马哈鱼子酱——全鱼子在油锅里爆炒，只加点葱花调料即可，鲜香浓郁，美不胜美。朋友知道我平时爱写点关于吃吃喝喝的小文章，便善解人意地带我去看了新鲜鱼子酱的制作过程——厨师取出一条三四斤重的雌性大马哈鱼，清洗、剖开后，呈现出的景象让人大为惊艳，一肚子红色的晶莹闪闪的鱼子，像缩小的红石榴米，整整一大盘，十分诱人，用清水把鱼子滤洗干净，再用饱和盐水搅拌约二十分钟后，沥干水分，就可装瓶储存了。

我的侄儿每年开海期间，都会跟随渔船出海，在远洋打鱼，一去几个月，上岸后，都会给我带点鱼干，有咸有淡，有金枪鱼干、剑鱼干，也有鲑鱼干，我一般是水发后，拿来清蒸，或炖豆腐、炖萝卜，偶尔也会炖肉。鲑鱼干炖肉，做法和平常我们做红烧肉差不多，先准备材料，带皮五花肉斤把，咸鲑鱼半斤（邋遢鱼的也可以），其他配料有蒜头、姜片、胡椒、葱段、辣椒等，还有酱油、米酒、冰糖等。咸鲑鱼切块后，要用温水泡半小时左右（以发透为宜）。操作顺序如下：分别将肉和鲑鱼煸香，分盘装好；热锅放花生油适量，煸香蒜头、葱段、姜片、辣椒；投入煸好的五花肉块拌炒，炒出肉香味时即投入酱油，把香气炒出来；再加上鲑鱼块、米酒和冰糖炒拌稍许；最后加水，以水漫过食材为宜；盖上锅盖，小火慢卤一个半小时左右即可食用。

　　细看《鲁迅家用菜谱》上的一道道菜，每顿一般以三个菜为主，大多为两荤一素，以猪肉、牛肉和鱼虾为主，素菜有菠菜、鸡毛菜、扁豆、青菜、芥菜、芹菜、榨菜、卷心菜、雪里蕻、生菜、白菜、韭菜、雪菜、蒿菜、藕、萝卜、洋葱、洋薯、芋头、草头、黄豆芽、黄芽菜、塌棵菜、霉干菜、素鸡、豆腐、粉丝、面筋等，菌类有木耳、金针菇、草菇、冬菇等。许多菜都是荤素搭配，鱼虾类有时一天两顿都有。由于鲁迅的家庭菜谱实际上只是许广平用来记账的日常账单，每道菜具体是怎么做的，并没有详解，有的从菜名上能猜出一二，比如鱼虾类的鲑鱼干炖肉、蒸沙鱼、蒸鱼、萝卜烧鱼松、红烧鳜鱼等；有的就无从猜测了，比如有的菜单上只写一个"鱼"字，既没写什么鱼，也没有菜名，完全不知道其烹饪方法了。至于鲑鱼干炖肉，我去过上海无数次，在饭店里还没有吃到过，私自里猜测，应该跟我的做法差不多吧。

2021年9月20日

鲁迅爱吃土鲮鱼

《鲁迅日记》一九二七年一月二十四日云:"广平来并赠土鲮鱼四尾,同至妙奇香夜饭,并同伏园。"三十日又记:"广平来并赠土鲮鱼六尾。"

鲁迅是一九二七年一月十六日中午从厦门出发、取道香港于十八日到达广州的,入住广州的宾兴旅馆,当晚就造访了许广平。十九日移住中山大学后,天天都和朋友吃吃喝喝,如二十日日记云:"下午广平来访,并邀伏园赴荟芳园夜餐。"二十一日日记云:"上午广平来邀午餐,伏园同往……下午游小北,在小北园夕餐。"二十二日日记云:"同伏园、广平至别有春夜饭,又往陆园饮茗。"二十三日日记云:"午后梁匡平等来邀至大观园饮茗。"连续几天都有吃请,可能是吃到了,或谈到了土鲮鱼。鲁迅是绍兴人,爱吃鱼虾等水产品,许广平看在眼里,这才有接连两次的赠送。

土鲮鱼是鲤科鲮属动物,通常叫鲮鱼,主要产地分布在我国南方的珠三角和海南、台湾一带,头短,侧扁,腹部圆,尾鳍深分叉,有点像鲤鱼,其生存对水温的要求非常高,喜欢在25摄氏度至30摄氏度的水温中生活,高于31摄氏度其食欲减退,低于14摄氏度就不食,低于7摄氏度就死亡,所以它在珠三角以北地区无法生长。鲁迅是绍兴人,从北京到厦门后,当地居民称他是北人。鲁迅是第一次听别人说他是北人,还好奇地在信中告诉了许广平。所以鲁迅在此前根本没吃过或没看过鲮鱼也是有可能的。他到了广州以后,朋友接待、招饮,和许广平、孙伏园一起下馆子、吃夜宵,多次吃到过鲮鱼几乎是肯定的了。许广平关心鲁迅的生活,吃喝起居在二人的通信中多有交流,还劝鲁迅买肉松吃,更是用心地织过藏青色"一件毛绒小半臂"寄给鲁迅。看到鲁迅喜欢吃各种做法的土鲮鱼,表示几条,当然是人之常情了。

鲁迅离开厦门并不愉快,在《朝花夕拾》的小引里说到十篇文章的写作经过后说"已经是被学者们挤出集团之后了"。好在广州那边有许广平,还有好友孙伏园在等候,中山大学的教职也有了着落,加上几天的逛街、看电影、品茗、下馆子,心情大好。可鲁迅是怎么吃土鲮鱼的呢?日记上没有说。查《两地书》,许广平只在一九二七年一月五日致鲁迅的信中提到过一次:"昨四日也玩了一天……晚上去看伏园,并带着四条土鲮鱼去请他吃,不凑巧他不在校,等了一点多钟,也不见回来,我想这也何必呢,就带着回家,今天要自己受用了。"

在《两地书》中,鲁迅和许广平多次提到吃喝问题,比如一九二六年九月十四日鲁迅致许广平的信中说:"我已不喝酒了,饭是每餐一大碗（方底的一碗，等于尖底的两碗），但因为此地的菜总是淡而无味（校内的饭菜是不能吃的，我们合雇了一个厨子，每月工钱十元，每人饭菜钱十元，但仍然淡而无味），所以还不免吃点辣椒末，但我还想改良，逐渐停止。"九月二十日信中说："此地的点心很好；鲜龙眼已经吃过了，并不见佳，还是香蕉好。"九月二十六日信中说："今天晚饭是在一个小店里买了面包和罐头牛肉吃的，明天大概仍要叫厨子包做。"九月二十八日信中说："从前天起，开始吃散拿吐瑾，只是白糖无法办理，这里的蚂蚁可怕极了，有一种小而红的，无处不到。我现在将糖放在碗里，将碗放在贮水的盘中，然而倘若偶然忘记，则顷刻之间，满碗都是小蚂蚁。点心也这样。这里的点心很好，而我近来却怕敢买了，买来之后，吃过几个，其余的竟无法安放，我住在四层楼上的时候，常将一包点心和蚂蚁一同抛到草地里去。"十月四日信中说："我在此常吃香蕉，柚子，都很好；至于杨桃，却没有见过，又不知道是甚么名字，所以也无从买起。"许广平在信中也多次写到吃吃喝喝，在九月三十日信中说："因为今天是我一个堂兄生了孩子的满月，在城隍庙内的酒店请客，人很多，菜颇精致，我回来后吃广东酒席，今天是第二次了。广东一桌翅席，只几样菜，就要二十多元，外加茶水、酒之类，所以平常请七八个客，叫七八样好菜，动不动就是四五十元。"十月四日信中说："午餐后去看李表妹及陈君……我们三人在北园饮茶吃炒粉，又吃鸡，菜，共饱二顿，而所费不过三元余，从午至暮，盘桓半日，始返陈宅。"

从这些与吃喝相关的书信中，能感受到他们之间的相互关心、相互支持、相互理解和对生活的热爱。当然,他们并不只是谈吃喝,更多的是在讨论时事,叙述友情,还有对北伐军进程的关注,对双方所在学校教学环境和学习环境的担忧,对学生的关心和热爱。就算是在讨论生活琐屑的吃吃喝喝中,也不只是一味地谈吃喝,而是都和环境、时事、人生、理想、前途相结合,还有对于理想生活的不同观点,并产生过争论。如一九二六年十二月六日鲁迅给许广平的信中说:"其实我这半年来并不发生什么'奇异感想',不过'我不太将人当作牺牲么'这一种思想——这是我向来常常想到的思想——却还有时起来,一起来,便沉闷下去,就是所谓'静下去',而间或形于词色。"许广平收到信后,在十二月十二日信中,专门就"牺牲"论发表了自己的意见:"其实在人间本无所谓牺牲,譬如吾人为社会做事,是大家认为至当的了。于是有公义而贬抑私情者,从私情上说,固亦可谓之牺牲,而人们并不介意,仍趋公义者,即由认公义为比较的应为,急为而已。这所谓应,所谓急,虽亦随时代环境而异,但经我决择,认为满意而舍此无他道,即亦可为,天下事不能具备于一身,于是有取舍,既有所取,也就不能偏重所舍的一部分,说是牺牲了。"这一来一往本以为是很精彩的了,但是鲁迅在十二月十六日的回复中,却更有精论:"牺牲论究竟是谁的'不通'而该打手心,还是一个疑问。人们有自志取舍,和牛羊不同,仆虽不敏,是知道的。然而这'自志'又岂出于本来,还不是很受一时代的学说和别人的言动的影响的么?"

话题扯远了,还是来说土鲮鱼。

如前所述,鲁迅是爱吃鱼的,和许广平定居上海后,一开始，家里都是在外包餐。从上海鲁迅纪念馆所藏的《鲁迅家用菜谱》上看，从一九二七年十一月至一九二八年六月的半年多时间，中午和晚上的菜，一般都是三四个，几乎每天都有鱼，仅从一九二七年十一月的半个多月看，就吃了二十次鱼或鱼类食品，具体是：十四日上午蒸沙鱼，十五日上午红烧鳜鱼，十六日上午鱼，下午蒸鱼片，十七日上午蒸鱼，十九日上午鱼，下午炒鱼片，二十日上午蒸鱼饼，下午鱼圆煮黄芽菜，二十一日上午田竹油豆腐炖鱼，下午咸鱼干炖肉，二十二日上午红烧鳜鱼，二十三日下午煎鱼，二十四日上午豆腐炖鱼，下午萝卜烧鱼松，二十五日上午雪里蕻炖鱼，二十六日上午鱼，下午油豆腐酿鱼，二十七日下午煎蛋角里有鱼饼、肉荚虾米等，二十八日上午蒸沙鱼，二十九日油豆腐炖鱼，三十日上午酿豆腐（鱼饼），在这十七天中，除十八日没有吃鱼外，其余天天都有鱼或鱼制品，其中还有三次吃虾，可见鲁迅和许广平及与其搭伙的周建人一家是都爱吃鱼虾的。

　　鲁迅初到广州时接受许广平两次所赠的十条土鲮鱼，这个数量应该不算少。土鲮鱼一般体重都在一斤左右，最大能长到七八斤，生长期主要是在四月至九月。鲁迅到广州时是一月下旬，此时的土鲮鱼应该是成熟的土鲮鱼，就按一般情况而言，十条鱼也有十斤左右了。这里所指的是鲜土鲮鱼。许广平所赠，也有可能是腌制的土鲮鱼，或腌制后晒成的鱼干。腌制的鲮鱼干，一直都是岭南一带的特产，不少江边渔村人家的门口，都会挂上一串串的腌鱼干。无论是新鲜的土鲮鱼，还是腌制的鱼干，鲁迅对它是怎么处理的呢？虽然没有明说，我想不外乎是清蒸、红烧和炖汤三种。清蒸中,有一种豆豉蒸鲮鱼,所用豆豉来自阳江,考究而奇妙;咸鲜鱼炖出的汤,汤白如奶,更是鲜甜无比,口感不是一般的好。鲁迅当年在广州吃的小吃,还有一种以土鲮鱼为主要材料的上汤鱼面,就是将新鲜的土鲮鱼打成鱼胶,用鸡蛋清拌匀后,挞透,蒸熟,再切成面条状,浇上上汤,口感特别清甜。据《鲁迅日记》记载,他到广州后所吃过的馆子,共有二十五家之多,北园、别有春、荟芳园、大观园、妙奇香利记、陆园茶室去得较多,所去最多的馆子是陆园茶室,一共去了七次之多,而北园的上汤鱼面又最有名,想来没有少吃。加上身边的许广平的介绍,鲁迅对于土鲮鱼自然就情有独钟了。鲁迅是有大胸怀、大格局的艺术大师,他不会把草木鱼虫专门当作文章的题材来做的,所以在鲁迅的文章和书信中,找不到关于土鲮鱼的做法、口感等文字,也符合他的个性风格。

当然,也许有人认为鲁迅会把土鲮鱼转手赠送给别人。但是,以鲁迅和许广平之间的密切关系,转送别人几乎不可能,请饭店代为加工倒是可以有的。

总之,这十条土鲮鱼究竟怎么吃的,是红烧、清蒸、炖汤,还是做成了上汤鱼面,都是猜测了。

2021 年 9 月 18 日

鲁迅和许广平谈论的龙虱和杨桃

鲁迅和许广平的通信,大多收在《两地书》里,其中有涉及杨桃和龙虱的两种广州"特产"。

一九二六年九月二十八日,在广州的许广平给在厦门大学任教的鲁迅写信,信中说:"广东水果现时有杨桃,五瓣,横断如星形,色黄绿,厦门可有么?"鲁迅于十月四日回信曰:"我在此常吃香蕉,柚子,都很好;至于杨桃,却没有见过,又不知道是甚么名字,所以也无从买。鼓浪屿也许有罢,但我还未去过。"

许广平和鲁迅关于杨桃、香蕉和柚子的交流,鲁迅和同在厦门大学的学生兼好友孙伏园大约是说过的,所以,孙伏园从厦门大学请假去广州办事,回到厦大时,给鲁迅带了一些杨桃,鲁迅在一九二六年十一月六日、七日两天给许广平的信中说:"伏园带了杨桃回来,昨晚吃过了,我以为味道并不十分好,而汁多可取,最好是那香气,出于各种水果之上。又有'桂花蝉'和

'龙虱'，样子实在好看，但没有一个人敢吃。厦门也有这两种东西，但不吃。你吃过么？什么味道？"

于是，许广平又和鲁迅谈论了龙虱和桂花蝉，时间是在一九二六年十一月十五日，许广平在给鲁迅的信中说："杨桃种类甚多，最好是花地产，皮不光洁，个小而丰肥者佳，香滑可口……桂花蝉顾名思义，想是香味如桂花，或因桂花开时乃有，未详。"接下来才说龙虱，许广平知道鲁迅不但没有吃过，也没有见过，所以描写很细："龙虱生水中，外甲壳而内软翅，次拔去头，则肠脏随出，再去足，食其软部，也有并甲足大嚼，然后吐去渣滓的。嗜者以为佳，否则不敢食，犹吞蛹也。我是吃的，觉得别有风味，但不能以言传。"这种粗犷的吃法，仅是看了这样的介绍，是不是吓了鲁迅一跳呢？

鲁迅知道广东人是什么都敢吃的，所以鲁迅在一九二六年十二月三日的信中，带有一点任性地挑战道："我还想吃一回蛇，尝一点龙虱。"许广平在十二月七日的信中回道：广州的"吃食店随处都有，小饭馆也不化（花）多少钱，你来不愁无吃处，而愁吃不惯口味，但广东素以善食称，想来你总可以对付的。至于蛇，你到时在年底，不知可还有？龙虱也已过时，只可买干的了。又这里也有北方馆子，有专卖北京布底鞋的铺子，也有稻香村一类的店，所以糖炒栗子也有了，这大约是受了'外江佬'的影响"。

聂璜在《海错图》中记有龙虱，并有按语说："龙虱状如蜣螂，六足两翅而有须。本海边飞虫也，海人干而货之，美其名曰龙虱，岂之龙体之虱哉？食者捻去其壳翼，啖其味，味同炙蚕，不耐久藏。或曰此物遇风雷霖雨则坠于田间，故曰龙虱。"其实就是水鳖虫，种类很多，喜欢在水草丰盛的湿地生活，能游善飞，据说有百万之众。我们小时候围堰逮鱼，也会顺便逮到它。我们不叫它龙虱，也不叫水鳖虫，叫土鳖锁。有一段时间，我父亲所在的乡村供销社收购站，帮县药材公司代收药材，代收的品种里也有土鳖锁，我在收购站看到过成桶成缸的土鳖锁。另外有一种，颜色不是栗褐色或黑红色，有点浅灰，我们给它命名为"拐磨虫"。用植物的蕾果和小树枝做成微型的风车，把拐磨虫插在风车上，它展翅飞翔时，风车也就跟着旋转了。

在珠三角一带，龙虱是可以吃的，最常见的吃法是油炸，也可以煎、烤，经五香调味煎烤后的龙虱，松脆可口。有时作为点缀，还会把油炸的龙虱放在菜品上以吸引食客的眼球。广州人吃龙虱是家常菜，老少皆宜。有一道"卤水龙虱"是这样做的：食材当然是上好的龙虱了，再配以卤水汁、冰糖、朝天椒、香叶、蒜片、姜片等调料，顺序是，把清洗干净的龙虱放进清水锅里煮沸，等龙虱把排泄物放干净了，再煮开一两分钟即关火出锅，再用清水冲洗一两次，去其腥味。热锅放油，爆香姜片、蒜片和辣椒等，然后下龙虱翻炒三五分钟，倒入卤水汁，放入冰糖和香叶，大火烧开后，转小火慢慢焖煮约二十分钟即可食用。据说这道菜冷却后，连汤带菜放冰箱冰镇一夜，第二天食用味道更绝。

一九二七年一月十八日，鲁迅到达广州，在广州生活、工作了半年多，和许广平及朋友们经常下馆子、泡茶社，有没有吃龙虱，日记和书信里都没有记录，倒是杨桃，在文章中又提了几次，比如在《再谈香港》里，鲁迅不经意地带了一笔："在桌上见了一把小刀。这是在北京时用十几个铜子从白塔寺买来，带到广州，这回削过杨桃的。事后一量，连柄长华尺五寸三分。""削过杨桃"，至少不是第一次吃了。还有《在钟楼上——夜记之二》，鲁迅写道："广东的花果，在'外江佬'的眼里，自然依然是奇特的。我所最爱吃的是'杨桃'，滑而脆，酸而甜，做成罐头的，完全失却了本味。汕头的一种较大，却是'三廉'，不中吃了。我常常宣传杨桃的功德，吃的人大抵赞同，这是我这一年中最卓著的成绩。"

鲁迅在广州吃了多少次杨桃，查鲁迅日记，不见记载，那是已经吃习惯了，不新鲜而懒得记了。因为在《在钟楼上——夜记之二》里，有"我所最爱吃的是'杨桃'"和"我常常宣传杨桃的功德"之句。至于龙虱，以鲁迅的性格，我猜测，他会品尝的，一来是好奇，二来身边有许广平，许广平既然爱吃，馆子里的龙虱又是那么普及，总该经不住诱惑吧。

2021 年 9 月 23 日

鲁迅家餐桌上的海鲜

从公开的《鲁迅家用菜谱》上看,鲁迅家特别爱吃海产品,吃法多样,煎、炒、蒸、炖都有,品种较多,有鲑鱼、鳎目鱼、沙鱼、鲳鱼、刀鱼、黄鱼、曹白鱼(鳓鱼)、白饭鱼(银鱼)、达沙鱼、鱿鱼、鲈鱼、乌贼、蛏子、蚝蛎、海参等十数个品种。在许广平记录的195天的菜谱中,有的海鲜吃了十几次,如鱿鱼和蚝蛎;有的七八次,如鲑鱼、鲳鱼等;有的只有三四次,如蛏子、乌贼、曹白鱼等;有的只一次,如刀鱼、鲈鱼等。下面依据鲁迅家常食用的这些海产品的次数和烹饪方法,重点选几个品种,分别做一个简略的介绍。从鲁迅家的日常饮食中,能大致看出当年上海中等市民阶层的生活水平。此外,从吃的频率多少上,也可一窥鲁迅的吃食习惯和喜好。

1. 鱿鱼

在有记录的这段时间里，吃得最多的是鱿鱼，共十六次。

鲁迅家餐桌上的鱿鱼只有一种做法，即炒鱿鱼。《鲁迅家用菜谱》上第一次出现炒鱿鱼是在一九二八年一月一日上午（中餐），在"炒鱿鱼"三字后边的括弧里，有三样配菜，木耳、豌豆、芹菜。这里的豌豆，应该是豌豆苗。从配菜上可以断定，这道菜是旺火爆炒。第二次是在这个月的十二日下午（晚餐），配菜作了微调，保留了木耳、芹菜外，另加了洋葱。这个调整好，洋葱比起豌豆来，更出味。第三次是在这个月二十二日下午，配菜除了木耳、芹菜、洋葱外，又加了豆腐干和豌豆。第四次是在二十五日，没有括弧，不知道配菜是什么。第五次是二月三日，配菜和第二次同，即木耳、芹菜和洋葱。以后多次没写配菜。直到一九二八年四月十五日上午第十四次，才有配菜，依旧和第五次同，且炒鱿鱼改成了炒广鱿。第十五次也是炒广鱿——是否鲁迅家所吃的鱿鱼都是广鱿呢？不能肯定，因为上海也有地产鱿鱼出售。第十六次是在四月二十六日下午，又改了菜名，叫炒鱿鱼丝——当然，上述的炒鱿鱼，也应该是鱿鱼丝。鲁迅家炒鱿鱼的配菜，应该无外乎木耳、洋葱、芹菜、豆腐干、豌豆苗这几样，其实，红、绿青椒切成丝，和鱿鱼也很合。

鱿鱼一直是沿海人家餐桌上的家常小炒，操作简单，口味脆爽，老少皆宜。鱿鱼的长相有点像乌贼，其体型为圆锥状，淡褐色中略显苍白，前方有触足十条。鱿鱼在爆炒前，先洗干净，用钢丝球把鱿鱼须吸盘上的黑点擦去，再去除牙齿和眼睛，把肉切成细丝，须爪切成小段，焯一下水去腥。爆炒时的次序是热油锅把葱姜蒜等调料先爆出香味，加入配菜炒熟，再投入鱿鱼，翻炒几下即可，不能加水煮，翻炒时间也不能过长，否则就炒老了，总之，火候是关键。

2. 银鱼

白饭鱼即银鱼，有记录的鲁迅家餐桌上一共出现六次，三次是白饭鱼，三次是银鱼，其实是同一种物产。一九二八年三月二十四上午和四月一日、二日上午的三次记录是银鱼煎蛋，四月十四日上午是煎白饭鱼，二十日上午是白饭鱼，五月一日又是煎白饭鱼。

银鱼生于大海和江湖里，我国沿海和几大湖泊里都有，属于洄游性小型鱼类，长十二厘米左右，头部扁平，身体前部近圆柱形，后部侧扁，眼大口大，体表无鳞，个小娇嫩，几乎呈透明状。屠本畯在《闽中海错疏》里说："银鱼，口尖身锐，莹白如银条。"郝懿行在《记海错》里说银鱼："曝干炒啖及瀹汤，味清而腴，不逮冰鱼远矣。海人为其纤细而修长如切汤饼之状，谓之面条鱼。"除面条鱼外号之外，还有白饭鱼、银针鱼、白小、帅鱼、炮仗鱼等。银鱼还有一定的药用价值，李时珍在《本草纲目》中说：银鱼"食之甚美味甘无毒，可作'羹食'，宽中健胃，补肺清全，滋阴火，补虚劳"。《食疗本草》中也说"银鱼利水、润肺止咳"。

古人称银鱼为脍残鱼，古籍《尔雅翼》的《释鱼》里称

"王馀",释曰:"王馀长五六寸,身圆如箸,絜白而无鳞,若已脍之鱼,但目两点黑耳,《博物志》曰:'吴王江行,食鲙有馀,弃于中流,化为鱼。名吴王脍馀。'《高僧传》则去:'宝志对梁武帝食脍,帝怪之,志乃吐出小鱼,鳞尾依然,今金陵尚有脍残鱼。'二说相似,然吴王之传则自古矣。"宋代高承《事物纪原·虫鱼禽兽·脍残》里也说:"越王勾践之保会稽也,方斫鱼为脍,闻有吴兵,弃其余于江,化而为鱼,犹作脍形,故名脍残,亦曰王余鱼。"这当然是荒诞之说了,也或许是因为银鱼的异样而敷衍出的故事吧。因为银鱼的形,也称白小,历代都有诗人咏之。杜甫就有一首《白小》诗,曰:"白小群分命,天然二寸鱼。细微沾水族,风俗当园蔬。入肆银花乱,倾箱雪片虚。生成犹拾卵,尽取义何如。"唐庚也有《白小》诗:"二年遵海滨,开眼即浩淼。谓当饱长鲸,糊口但白小。百尾不满釜,烹煮等芹蓼。咀嚼何所得,鳞鬣空纷扰。向来若鱼戏,海面横孤峤。唵喝喷飞沫,白雨散晴晓。终然不省录,从事此微眇。短长本相形,南北无定表。泰山不为多,毫末夫岂少。词雄两月读,理足三语妙。人生一沤发,谁作千岁调。安能蹲会稽,坐待期年钓。"陆游《初冬》诗也说到白小:"已罢弹冠欲挂冠,一庵天遣养衰残。雨荒园菊枝枝瘦,霜染江风叶叶丹。羹釜带鳞烹白小,蓬门和蔓系黄团。夕阳更动闲游兴,十月吴中未苦寒。"皮日休有《松江早春》一首,诗曰:"松陵清净雪消初,见底新安恐未如。稳凭船舷无一事,分明数得鲙残鱼。"

上海临江靠海,银鱼产量大。而离上海不远的太湖,更是以盛产银鱼而闻名。每年的三四月又正是银鱼上市时,鲁迅家一连吃了几次也算是应时之物了。鲁迅家餐桌上的银鱼煎蛋是银鱼最为家常的吃法，做法也简单：如果是新鲜银鱼，洗净、摘除内脏和头眼即可（如果是银鱼干，提前泡发）；鸡蛋三四只，在容器中打散；葱花蒜末等调料切碎（也可放一只切碎的青椒）；把几样和在一起，放盐、淀粉、水适量，搅匀蛋液；热锅倒油，油热后投入蛋液，小火慢煎，待蛋液凝固、银鱼变白即起锅装盘。

那么，许广平为什么把同一物种分两种写法呢？元代诗人薛兰英、薛蕙英姐妹有一首咏银鱼的《苏台竹枝词》，曰："洞庭馀柑三寸黄，笠泽银鱼一尺长。东南佳味人知少，玉食无由进上方。"所谓银鱼一尺长，显然过于夸张了，但银鱼确实有一大一小两种。在民间，称短吻者为银鱼，稍大者为脍残鱼，也有的叫面条鱼。许广平记得煎白饭鱼，可能就是面条鱼吧。银鱼除了煎，还可以做银鱼丸、银鱼春卷。做金丝银鱼汤和银鱼馄饨也是一等。

3. 黄鱼

可能是时令到了，鲁迅家餐桌上的黄鱼在一九二八年四、五两个月里，也吃了五次，且都是油煎，分别在四月八日上午、四月二十九日上午、五月五日上午、五月十八日上午、五月二十一日上午。黄鱼有大黄鱼和小黄鱼之分。大黄鱼又称大黄花，能长到四五十厘米长，称大鲜；小黄鱼又称黄花鱼，叫小鲜，长二十厘米左右，体型和大黄鱼很像，只不过尾柄较短，鳞略大，一般人很难分出来。古人还称小黄鱼为石首鱼。鲁迅家的吃法都是煎，我推测为小黄鱼。但也只是我的推测而已。鲁迅口味重，也许什么鱼都是煎了才合口味呢，比如鲳鱼、鳎目鱼，都是煎的。

我曾写过一篇小文《松鼠黄鱼》，对黄鱼有过大略的描写：

> 作为海鱼的大黄鱼吃法有多种，通常是清蒸或红烧。无论怎么吃，黄鱼的肉都是细嫩、鲜香，口感极佳的，是餐桌上佐饭下酒的大菜。过去的海边人家，招待客人，如果没有一条大黄鱼，那这桌菜的档次就会下降，甚至有怠慢客人之嫌。但是，我们现在在鲜活海鲜市场上，已经很难看到正宗的黄海大黄鱼了。超市里的速冻"黄鱼"，严格地说，不是我们通常所说的大黄鱼，而是和大黄鱼同属鱼纲中的"石首鱼"科且很像大黄鱼的另一种鱼，海州湾一带俗称"黄姑子"，赣榆海头、柘汪一带的渔民念这三个字时，"黄姑子"的"子"念"这"音。"黄姑子"又叫小黄鱼，或石首鱼，近年来也可以人工养殖了。大黄鱼、小黄鱼统称黄鱼，似乎没有争议了。明代浙江钱塘人田汝成所著《西湖浏览志馀》卷二十四里，引用他老乡瞿宗吉的一首竹枝词，曰："荻芽抽笋棘花开，不见河豚石首来。早起腥风满城市，郎从海口贩鲜回。"江浙人喜欢吃大、小黄鱼，文人墨客多有诗吟，汪琬的《有客言黄鱼事纪之》，诗曰："三吴五月炎蒸出，楝树著雨花扶疏。此时黄鱼最称美，风味绝胜长桥鲈。"尤侗的

《黄鱼》诗曰:"杜陵顿顿食黄鱼,今日苏州话不虚。门客不须弹铗叹,百铁足买十斤馀。"

其实,江浙沿海一带还有一种鱼叫黄霉鱼(海州湾一带叫黄季鱼),也有人称作梅鱼或小黄鱼、黄花鱼,头大,口斜,额部隆起,只有三四寸长,适合油煎、油炸。该鱼的学名叫梅童鱼。明代人屠本畯在《闽中海错疏》中说:"黄梅,石首之短小者也。头大尾小,朱口细鳞,长五六寸,一名大头鱼,亦名小黄瓜鱼。"又说:"海上以四月小满为头水,五月端午为二水,六月初为三水,其时生者名洋生鱼。"清朝人沈翼机等编纂的《浙江通志》引《海味索隐》说:"鳇鱼、黄鱼各一种,肉与味亦自不同。即如吾郡梅鱼,比黄鱼极小,肉与味正相似。闽中呼为小黄鱼,其鳞色灿烂金星,如大黄鱼也,然又各自一种。今合鳇鱼为一种,误矣。"陈元龙在《格致镜原》里引《异物志》说:"石首小者,名踏水,即梅鱼也。似石首而小,金黄色,味颇佳,头大于身,人呼为梅大头。出四明梅山洋,故名梅鱼;或云梅熟鱼来,故名。"李元在《蠕范》的《物名》里说:"……梅童也,梅首也,梅大头也,黄花鱼也,黄灵鱼也,似鳗而小,朱口细鳞,长五六寸,小首,首有石,以梅熟时来,故名。"鳗,即黄鱼。以上所说,都是指这种体小肉鲜的黄霉鱼。

综上所述,大黄鱼、小黄鱼、黄霉鱼(也有称黄花鱼),都习惯上称作黄鱼。而鲁迅家餐桌上的这道"煎黄鱼",也有可能是这种黄霉鱼——食用时间正好在小满前后,作为"头水鲜",便也抢占鲁迅家的餐桌了。

煎黄鱼的方法如下：黄花鱼去鳞去腮去内脏，清洗干净后，倒入料酒，放入五香粉、蚝油、酱油、精盐等腌制半小时左右，热锅放油，两面煎黄即可食用。也可以裹以鸡蛋淀粉一起油煎。

4. 曹白鱼

清蒸曹白鱼，鲁迅家吃了三次，即一九二八年五月十六日上午、二十八日下午、三十一日上午。

曹白鱼就是鳓鱼。

鳓鱼的显著特征是易碎，再好的厨师，也不能完全战胜鳓鱼易碎的特性（清蒸除外），而且鳓鱼碎刺、乱刺特别多，吃起来费事。但是，鳓鱼实在是味好，特别适合清蒸，肉质细嫩，鲜香可口，佐酒下饭都属上等。

鳓鱼也叫勒鱼或肋鱼，不是因为体长像腰带一样，而是因为其腹部有一排棱棘如勒。明朝人黄省曾在《鱼经》中说："有鳓鱼。腹下之骨如锯可勒，故名。"李时珍在《本草纲目》里也有关于鳓鱼的描述："鱼腹有硬刺勒人，故名……勒鱼出东南海中，以四月至。渔人设网候之，听水中有声，则鱼至矣。"别地对鳓鱼也有不同的称呼，如青鳞、雪映、白鳞、白鳞鱼、曹白鱼、鲝鱼等，带白或雪，是取其颜色而定的。唐朝诗人韦应物在《送刘评事》诗中有"洞庭摘朱实，松江献白鳞"句，这里的松江是现今上海的松江，可直通长江口，长江口是淡水和海水混合区域，鳓鱼会逆流而上，所以有白鳞可送。清朝人李元在《蠕范》中说："鳓，勒鱼也，肋鱼也。似鲥，小首细鳞，腹下有硬刺……亦有冬月出者，谓之雪映。"清朝光绪年间，和连云港赣榆陆地、海域相邻的日照也别有称呼，在《日照县志》里说："鳓，俗呼白鳞鱼，古名鲝。"清朝人聂璜在《海错图》里有赞："腹下有刀，头顶有鹤，有鹤难夸，有刀难割。"说"头上有鹤"，是指鳓鱼的头骨片，可以拼成展翅飞翔的鹤形图案。聂璜在《鳓鱼赞》中有按，云："头上有骨，为鹤身，若翅、若颈、若足，并有杂骨凑之，俨然一鹤，儿童多取此为戏。"

鲁迅家餐桌上的海鲜食品，特别是鱼类，都是煎为主，个别为烩、烧或炖，如一九二八年五月十二日上午的两道荤菜里，一道是咸菜炖鱼，另一道是烩猪角；二十日上午是雪菜炖鱼，下午是虾糕烧肉。仅有的三次吃曹白鱼都是清蒸，可见不仅鲁迅家请的厨师懂行，鲁迅也很会吃。

5. 鲳鱼

煎，是鲁迅家吃鱼的一大特色。各种煎鱼外，也有煎蛋、煎大虾、煎蛋角（肉）等。鲁迅家的鲳鱼，也是以煎为主，在八次吃鲳鱼中，有六次是煎，分别是一九二八年四月三十日上午，五月一日下午、六日下午、十七日下午、二十八日上午、三十日下午。两次例外是五月三日上午的清蒸鲳鱼和十九日下午的咖喱鲳鱼。

海州湾一带称鲳鱼为碗口鲳，意思是只有长成碗口那么大了，才能叫鲳鱼，或配得上叫鲳鱼，清蒸或红烧后上桌，才算是受到"重用"。否则，就混同成"小杂鱼"了。清朝诗人潘朗有一首《鲳鱼》诗:"梅子酸时麦穗新,梅鱼来后梦鳊陈。春盘滋味随时好,笑煞何曾费饼银。"是说小满前后,梅子黄时,鲳鱼也就上市了。

鲁迅家集中吃鲳鱼的时期,也正是"梅子酸时"。

鲳鱼怎么吃都好吃,红烧、清蒸、椒盐油炸自不用说了,还可以烧烤。新浦月牙岛上的海鲜烧烤夜市里,有一家专烤小鲳鱼的烧烤摊,一串三条或四条,烤得两面冒油,既焦黄酥脆,又松软鲜香,吃起来口感极佳,还不失烧烤的元素,就着啤酒,真是过瘾。有一种烧法,叫春笋烩鲳鱼,或年糕烩鲳鱼,约略介绍一下:材料就是碗口鲳一条(约三百五十克,体量稍小者两条),年糕、春笋适量,其他配料如小葱、姜片、蒜片、生抽、白糖、白胡椒、红辣椒丝、香菜、黄酒、香油、猪油、蚝油等若干。鱼皮表面切十字花刀。春笋焯水,去除苦涩味后,捞出切片。年糕切片。热锅放入猪油,将鲳鱼煎至两面金黄,下葱姜蒜辣椒爆香,放入春笋片煎炒片刻,烹入黄酒,下沸水没过食材,再下海盐、蚝油、生抽、白胡椒粉、白糖调味,收入浓汁后,加入年糕、香菜,烧沸后即可出盘。这道菜的特色就是年糕代替萝卜入鱼锅,入味的年糕鲜美有嚼劲。

鲳鱼属于鲈形目鲳科,形扁。各地叫法不同,山东、河北称镜鱼、平鱼,这是取其形。浙江称车片鱼,同理。台湾称白鲳鱼。唐朝人刘恂在《岭表录异》卷下里说:"形似鳊鱼,而脑上突起连背而圆身,肉甚厚,肉白如凝脂。只有一脊骨。治之以姜葱,𪅂之粳米。其骨白软,食者无所弃,鄙俚谓之狗瞌睡鱼,以其犬在盘下,难伺其骨,故云狗瞌睡鱼也。"清朝人聂璜在《海错图》里引《汇苑》里的话说："鲳鱼，身扁而头锐，状若锵刀。身有两斜角，尾如燕尾，鳞细如粟，骨软肉白。其味极美，春晚最肥。"关于鲳鱼，还有一些与它美味不太搭调的民间传说和文字记载。比如它的体型，传说本来它是个圆溜溜胖乎乎的小胖墩儿，但是太呆头呆脑了，平时还游手好闲，喜欢看热闹。有一天，龙王三太子结婚，它去凑热闹，竟然把新娘子的花轿撞翻了，还趁机调戏了新娘子。海龙王龙颜大怒，下令把它痛揍了一顿，直接把它打扁了。等伤养好后，也没有复原。明朝人彭大翼在《山堂肆考》里说："鲳鱼，一名鲳候鱼。以其与诸鱼匹，如娼然。"明朝人李时珍在《本草纲目》里说："昌，美也，以味名。或云，鱼游于水，群鱼随之，食其涎沫，有类于娼，故名。"清朝人厉荃在《事物异名录》中引《宁波府志》曰："俗又呼为娼鱼，以其与诸鱼群（交），故名。"清朝人郭柏苍在《海错百一录》中说："凡鱼孕子者，鱼男感气追逐，争唼其子。鲳鱼带子时，一繇所得多牡鱼，是知其杂群牡，曰鲳者贱之也。"上述这些描述，当然是奇谈怪论了。而那个被"打扁"的民间传说，可能也是根据这些文字而来的，抑或是先有民间传说再有文字记录也未可知。

　　鲁迅家的煎鲳鱼，和煎黄鱼应该差不多，清蒸也不复杂。咖喱鲳鱼是怎么做的呢？选一条四百克左右的鲳鱼，洗净，切成块状，用盐、咖喱粉腌制切好的鱼块，稍后洒点面粉拌匀（防止粘锅）；热锅放油，待油热后，将鱼块放入锅中煎至鱼色变深后取出，放到厨房用纸上去其油汁；将大蒜、生姜、辣椒、洋葱、香菜等放入搅拌机里打碎成糊；热锅放油烧热后，放孜然籽爆香,将打好的调味糊放入油锅,不停翻炒,再加少许精盐、冰糖和适量的滴醋;加水,差不多淹没鱼块即可,最后投入鱼块,旺火收汁即可装盘。这种吃法不是我国的传统吃法,香辛味太浓,不知别人如何,反正我对咖喱类的菜肴就不感兴趣。

6. 鲈鱼

从现有的材料看,在半年多的记录里,鲁迅家只吃过一次鲈鱼,还是最不同寻常的炸鲈鱼,时间是在一九二八年五月十四日上午。在鲁迅家餐桌上出现的这么多的海鲜中,鲈鱼的价格最高。只吃一次,可能是那时候的鲈鱼价格很贵吧。

《清稗类钞》之《动物类》有鲈鱼的介绍:"鲈,可食。色白,有黑点,巨口细鳞,头大,鳍棘紧硬。居咸水淡水之间,春末溯流而上,至秋则入海,大者至二尺。"

鲈鱼分海鲈鱼和江鲈鱼,区别不大。如果一定要找区别,就是海鲈鱼身上的斑点更清晰一些,似乎也略微的瘦长。但它们又确实是一个祖宗。读旧时文人中关于鲈鱼的诗,常有"松江""吴江"的字眼,如范成大《秋日田园杂兴》里说:"细捣枨齑买鲙鱼,西风吹上四腮鲈。雪松酥腻千丝缕,除却松江到处无。"后一句当然是夸张的说法了。再如苏东坡《和文与可洋川园池三十首》之《金橙径》诗:"金橙纵复里人知,不见鲈鱼价目低。须是松江烟雨里,小船烧薤捣香齑。"王恽有一首《食鲈鱼》,有这样的句子:"鲈鱼昔人贵,我因次吴江。秋风时已过,满意莼鲈香。"这里的松江,就是吴淞江,通黄浦江入海。它的上游，可直通到苏州的吴江，也即王恽诗里的吴江。朋友周耗（浩峰）是吴江作协主席，我在他那里吃过鲈鱼，他饶有兴味地给我介绍了作为特产的鲈鱼后，还讲了个典故，说旧时吃鲈鱼，以吴江垂虹桥为界，桥北的鲈鱼不及桥南的。桥南的鲈鱼为什么好吃呢？因为它有四个鳃。四个鳃的鲈鱼，平时我也没有注意。查陈元龙编的类书《格致镜原》卷七十二引《续韵府》曰："天下之鲈皆两腮，惟松江鲈四腮。"又引《谈苑》曰："松江鲈鱼，长桥南所出者四腮，天生鲙材也，味美肉紧切，不终日，色不变；桥北近昆山，大江入海所出者三鳃，味带咸，肉稍慢，迥不及松江出也。"说得很清楚了。垂虹桥旧时为东南胜景，桥上有亭，曰垂虹亭，又名鲈乡亭。为鱼建亭，可见鲈鱼在当地的名声了。《本草纲目》引杨万里诗曰："鲈出鲈乡芦叶前，垂虹亭下不论钱。买来玉尺如何短，铸出银棱直是圆。白质黑章三四点，细鳞巨口一双鲜。春风已有真风味，想得秋风更迥然。"米芾《吴江垂虹桥亭作》诗曰："断云一片洞庭帆，玉破鲈鱼霜破柑。好作新诗继桑苎，垂虹秋色满东南。"唐伯虎《松陵晚泊》诗曰："晚泊松陵系短篷，埠头灯火集船丛。人行烟霭长桥上，月出蒹葭漫水中。自古三江称禹迹，新涛五夜起秋风。鲈鱼味美村醪贱，放箸金盘不觉空。"那时的游客爱吃鲈鱼成为一种风气了。有一段时间，松江是泛指，即以太湖为中心的沿江南部地区。钱大昕在《十竹斋养心录》卷二十里说："唐人诗文称松江者，即今吴江县地，非今松江府也。松江首受太湖，经吴江、昆山、嘉定、青浦至上海县，合黄浦入海，亦称吴松江。"

历代写鲈鱼的诗人很多，张翰《秋风歌》："秋风起兮佳景时，吴江水兮鲈正肥。三千里兮家未归，恨难得兮仰天悲。"这是借鲈鱼之美，怀念家乡的诗。李白《秋下荆门》："霜秋荆门江树空，布帆无恙挂秋风。此行不为鲈鱼鲙，自爱名山人剡中。"剡中，即今浙江的嵊州市。杜牧《送刘秀才归江陵》："彩服鲜华觐渚宫，鲈鱼新熟别江东。刘郎浦夜侵船月，宋玉亭春弄袖风。落落精神终有立，飘飘才思杳无穷。谁人世上为金口，借取明时一荐雄。"范仲淹《江上渔者》："江上往来人，但爱鲈鱼美。君看一叶舟，出没风波里。"范仲淹体恤民间疾苦，细品这首诗，有耐人寻味之处。张镃《吴江鲊户献鲈》："旧过吴淞屡买鱼，未曾专咏四腮鲈。鳞铺雪片银光细，腹点星文墨晕粗。西塞鳜肥空入画，汉江鳊美阻供厨。季鹰莫道休官去，只解思渠绝世无。"陶安《过吴江》："人家住处近菰蒲，咫尺风涛隔太湖。暂泊征桡问渔父，如今可有四鳃鲈。"王士禛《八册小景》："八册西风晓镜铺，家家网得四腮鲈。水乡风味江南思，何日扁舟莺脰湖。"

　　连云港烹饪大师周承祖在《承祖菜谱》里介绍了五种鲈鱼的吃法，分别是："海鲈戏明珠""松鼠鲈鱼""菊花鲈鱼""果味鲜鲈鱼""锅塌鲈鱼"。五种吃法五种风味，也是周大师的拿手菜，其中的松鼠鲈鱼，就是油炸的。

　　鲁迅家的炸鲈鱼，有可能就是松鼠鲈鱼，讲究花刀，也有可能就是普通的炸法。

7. 刀鱼

鲁迅家吃刀鱼的时间是在一九二八年四月二十二日上午。这个时间，正是许多时令海鲜大量上市时。

刀鱼，就是鲚鱼，俗称刀鲚子，有的地方叫风鲚或子鲚，海州湾一带叫鸡毛靠——都是一个品种。油煎或油炸鸡毛靠，可以说是沿海人家最家常的小菜了。大小饭店里，也作为常备冷盘，随时端取。油炸鸡毛靠呈金黄色，支棱在好看的白瓷盘子里，可以连头带刺一起吃，酥、香、脆俱全，滋味可口，且越嚼越香，是就饭下酒的好菜。油煎同样好吃，如果拿一块赣榆煎饼裹着吃，更是一绝。鲁迅家的刀鱼也是煎。

刀鱼是洄游性小型鱼类，平时生活在浅海里，每年春天游到入海河口处产卵繁殖。海州湾一带的居民对待这种小鱼，不像江南人那么重视，价格也像小杂鱼一样低廉。如果看活体的鸡毛靠，它和长江刀鱼并无二致。但是，不知从什么时候开始，长江刀鱼突然暴涨，被当作长江三鲜之首，没过几年就差不多成珍稀产品了。有一次吃饭时，一个懂行的朋友说，长江里的刀鱼，实际上也是鸡毛靠，即鸡毛靠中的雄性鱼。简单说吧，雄性鲚鱼叫刀鱼，雌性鲚鱼叫鸡毛靠。在座的许多人听了大为吃惊，有这么简单吗？要真是这么简单，为什么同一种鱼，雌雄的价格会区分这么大？待遇会这么天上地下？要真是这样，那每年我们吃那么多鸡毛靠里，总会掺些雄鱼吧？那不是太不讲究了嘛，不过我吃过长江刀鱼，形状和鸡毛靠虽然神似，虽然也是乱刺多，但长江刀鱼的肉膘厚一些，清蒸或红烧，肉质鲜美、细嫩。要是吃过油炸的长江刀鱼，或许就能现原形了。不过，无论如何，鸡毛鲚和长江刀鱼，都称鲚鱼似乎并无大错（有待专家来释疑解惑吧）。

著名作家叶兆言写过一篇《长江三鲜》，头一鲜就写了长江刀鱼，还记叙了二十世纪六十年代，他母亲的一个学生，在镇江招待他父母吃刀鱼全席的事："一桌菜都是用刀鱼做，其中最夸张的是一盘无刺刀鱼，厨师事先已小心翼翼地将鱼刺剔除了，而刀鱼形状竟然还是完整的。"这是属于高手绝活。连云港市厨艺大师吉志祥也有这一手，他做一道清蒸鱼头，鱼头形状不变，鱼头骨却一根没有，这确实非高手莫办。叶兆言在写到关于刀鱼的诗词时，说描写刀鱼的古诗不多，他引用了苏东坡"清明时节江鱼鲜，恣看收网出银刀"的句子，又引用了南宋刘宰的《刀鱼》诗："肩耸乍惊雷，腮红新出水。芼以姜桂椒，未熟香浮鼻。"其实后边还有两句："河鲀愧有毒，江鲈惭寡味。"因刀鱼古称鮆鱼，又引用了陆游的"鮆鱼莼菜随宜具，也是花前一醉来"。

其实，关于鲚鱼的古诗还有一些，宋代梅尧臣在《云中发江宁浦至采》中有这样的句子："鮆鱼何时来，杨花吹茫茫。沙草不可辨，雁立知汀长。"宋代韩维《答圣俞设脍示客》诗云："梅侯三年江上居，盘羞惯饱鮆与鲈。客居京城厌粗粝，买鱼斫脍邀朋徒。"明代魏浣初有《望江南》一首，云："江南忆，佳味忆江鲜。刀鲚霜鳞娄水断，河豚雪乳福山船，齐到试灯前。"清代宋琬的《刀鱼》云："银花烂漫委筠筐，铁带吴钩总擅长。千载专诸留侠骨，至今匕箸尚飞霜。"章型有《刀鱼》二首，其一云："赤壁当年遇好风，沈枪折戟水流红。至今幻作银刀状，不在江东便汉东。"其二有这样的句子："三经尔雅文非阙，鱴刀鲚鱼名号别。卖鲈红树待三秋，穿鳜绿杨刚二月。"赵佩湘《刀鱼》诗："又有珍鲜入市曹，晴波跃跃见银刀。及锋新许庖人试，弹铗休夸食客豪。戏水几时穿密网，隔江随处划飞涛。都应昔日专诸馈，留待余生共老饕。"聂璜在《海错图》之《鮆鱼》里，有赞曰："两鬓蓬松，鱼中老翁，奈尔小弱，只箅幼童。"

还是来说鲁迅家餐桌上的煎刀鱼吧。

刀鱼还有一种煎法，就是用鸡蛋和一点面粉加水搅匀了，在鸡毛靠下油锅前，在碗里滚一遍，裹上鸡蛋面糊，这样煎出来的刀鱼更加金黄，有嚼劲并增加香味。鲁迅家的煎刀鱼不知是如何手艺。

8. 结语

除了上述列举的几样海鲜外，鲁迅家餐桌上出现的还有沙鱼、达沙鱼、乌贼、蛏子、蚝蛎、海参等，大虾子应该是海洋产品，否则不会和虾分区开来，还多次出现鱼丸或鱼圆，按照江南人和沿海人的饮食习惯，这些鱼丸或鱼圆，应该是马鲛鱼做的，马鲛鱼肉鲜香、细嫩，没有肌间刺，很适合做鱼丸。此外，鳎目鱼、鲑鱼、蚝蛎和虾子，我分别在《鲁迅家用菜谱中的"煎鳎目"》《鲁迅家用菜谱中的"鲑鱼干炖肉"》《鲁迅家用菜谱中的蚝蛎》《鲁迅家虾子的几种吃法》几篇短文里写过，这里就不再重复了。

从一九二七年十一月十四日开始，到一九二八年六月一日截止，鲁迅家每天吃什么，除中间有几天没有记录外，其他都记录得十分详细，花了多少钱也都十分清楚，除前五天没有标明每天多少钱外，其他都有记载。而且隔一段时间就有一个汇总。从记录上看，鲁迅家花费不多，有时每天二角五分，有时四角。总的来说，从一九二七年十一月十四日到十二月二十日，在这一个多月里，大部分每天花费二角五分，少数几天是四角。从一九二七年十二月二十一日开始到结束，每天大都是四角了。每隔十天左右做一次经费小结，第一个十天花费六元二角，第二个十天花费五块零五分。如果没有加菜，十天也就五六块钱，最多八块钱。有加菜也不多，最多十二块四角。鲁迅家吃饭人口比较多，除鲁迅和许广平外，还有鲁迅三弟周建人一家和周建人在商务印书馆的两个同事。鲁迅和许广平是一九二七年十月三日从广州到达上海的，先住在共和旅馆，后才迁入景云里。鲁迅在共和旅馆一共住了五天。在这五天里，周建人、孙伏园、郁达夫、王映霞、陶元庆、许钦文等文友都去看望过鲁迅和许广平。据上海鲁迅纪念馆编的《纪念与研究》第一辑的《鲁迅在上海活动场所的调查》一文考证，共和旅馆在三洋泾桥东首，英租界爱多亚路长耕里689号（现延安东路158弄，江西中路东首），后门近广东路。迁到景云里之后，鲁迅开始并没打算在这里长住，就没有购买锅碗盆灶等设备。当时上海流行一种订餐制叫"包饭作"，就是找好一家合口味的馆子，事先商量好一个大致的食谱，由厨师做好后定时送到雇主家。《鲁迅的家用菜谱》就是许广平记录的每天中晚两顿的菜肴。因为所记很可能只是为结账方便，并没有把菜肴的烹饪方法写出来，只是立出了食材的大致做法，如煮、炖、煎、蒸、炒等。所花费的钱也不多，平均下来一顿饭也就几毛钱，以鲁迅当时的收入，算得上是节俭了。而吃得并不差，每顿至少两荤一素，鸡鱼肉蛋都有，并且，每十天当中有七八天都有海鲜，有时一天两顿海鲜。但是，这样在一起包饭吃并不方便，加上鲁迅和许广平已经决定要在上海长住，在鲁迅的建议下，到了一九二八年六月一日后，一起包饭吃的历史就结束了，就开始在景云里二十三号楼下起火造饭了。

2021 年 9 月 28 日初稿于北京像素

鲁迅与点心

周作人所著《鲁迅小说里的人物》一书里，收有两篇附录，其一为《旧日记里的鲁迅》，文中所辑录的周作人的日记，有鲁迅买点心的记录，如戊戌年日记："十二月廿五日：晨椒生叔祖自金陵回家，得豫亭兄十七日函，云要抄书格纸百，书包布一张，糖姜一瓶，'词林妙品'一支，'北狼交头'一支，《东莱博议》一部……"己亥正月日记："廿四日：阴，小雨。往大路，购糖姜一瓶，洋三角。"周作人在文中说："这糖姜是湿蜜饯中最便宜的东西，用鲜生姜切成薄片，染为红色，渍以蜜糖，平常蜜饯装黄砂罐中，以糖姜及紫苏叶垫底，上面放几个蜜渍的桃梅樱桃枇杷而已，但是不知道为什么别处未见，即如南京和北京也没有专门卖干湿蜜饯的店铺。鲁迅向家中来要糖姜，普通的原因便是，在外边找不着（这与白的整块的生姜糖不同），其特别的原因则又因为这在蜜饯中价钱最贱。"

吃吃零食，糕点、坚果、糖食一类，是许多人都喜欢的。

鲁迅在南京读书，平时吃不到家乡的零食小点，托家里人给他捎点，也是情理之中的事。

许多人都爱吃零食，特别是伏案久坐的人，如果没有抽烟的嗜好，总得找点事干。就算喜欢抽烟、喝茶，手不停、嘴不闲，也会有饥饿的时候，吃点东西，补充点能量，有利于接下来的工作。旧时有"接响""下午茶"，大约也是因为这个缘故。

我爱吃零食，小区里分布不少食品店，我经常去挑挑拣拣，每样都会尝试一点。最爱吃的还是曲奇一类的，实际就是花样百出的饼干，有黄油口味的、奶油口味的、牛油口味的、蓝莓口味的、椰子口味的，混装在一个精美的扁圆形铁皮盒子里，谓之"精罐曲奇"。我还买过一种叫"招财进宝"的方形铁桶，里面装着六种口味的饼干：巴旦木饼、蔓越莓味果酱夹心饼干、夹心酥、杂粮酥（绿豆味）、北海道威化饼干、凤梨味饼干。有一种饼干叫"金语之恋"，装在一个扁长方形的铁盒里，口味是五种：巧克力甜筒、金语之恋夹心酥、马卡龙夹心饼干、三重奏（芒果爆浆夹心棉花糖）、巴旦木饼。有一种叫"榴莲夹心旋风酥"的蛋卷，也是装在一个绿色小圆桶里。这几种盒装的饼干，铁盒（桶）造型各异，盒子上还有各种配方和营养成分，吃时看看这些文字，也觉得新鲜，同时对自己的知识更是一种补充。吃完这些食品，盒子也能派上其他用场，除了做糕点盒子用（放稻香村、唐饼家的一些散装糕点），还可以做收纳盒子，放些日常小用品，方便寻找。总之，在家或书房里工作久了，找点东西吃吃，不仅可以消磨时间，还可以停下来歇歇脑子。就是喝茶久了，吃吃茶点，也可以改改口味，调剂身心。

2018年我着手帮一家出版社编选一套"走近鲁迅"丛书，在选编过程中，发现鲁迅爱吃零食。周作人有一篇《鲁迅在东京》，其第十八篇《落花生》里有详细记载："传说鲁迅最爱吃糖，这自然也是事实，他在南京的时候常常花两三角钱到下关'办馆'买一瓶摩尔登糖来吃，那扁圆的玻璃瓶上面就贴着写得怪里怪气的这四个字。那时候，这糖的味道的确不差，比现今的水果糖仿佛要鲜得多，但事隔四五十年，这比较也就无从参证了。鲁迅在东京当然糖也吃，但似乎并不那么多，到是落花生的确吃得不少，特别是有客来的时候，后来收拾花生壳往往是用大张的报纸包了出去的。假如手头有钱，也要买点较好的吃食，本乡三丁目的藤村制的栗馒头与羊羹（豆沙漾）比较名贵，今川小路的风月堂的西洋点心，名字是说不出了。有一回鲁迅买了风月堂新出的一种细点来，名叫乌勃利，说是法国做法，广告说什么风味淡泊，觉得很有意思，可是打开重重的纸包时，簇新洋铁方盒里所装的只是二三十个乡下的'蛋卷'，不过做得精巧罢了。查法文字典，乌勃利原意乃是'卷煎饼'，说得很明白，事先不知道，不觉上了一个小当。"细读这段文字，虽然叙述散淡，却也有重点：鲁迅爱吃糖和各色糕点。这在别人的回忆文章里也时有出现，萧红在《回忆鲁迅先生》中，写到鲁迅的房间布局，"立柜本是挂衣裳的，衣裳却很少，都让糖盒子、饼干筒子、瓜子罐给塞满了"。沈兼士在《我所知道的鲁迅先生》中回忆说："先生的嗜好有三种：就是吸烟，喝酒和吃糖。"又说："糖，一般儿童都爱吃，但几十岁的成年人不太有这种嗜好，先生则最喜欢吃糖。吃饭的时候，固然是先找糖或者甜的东西吃，就是他的衣袋里也不断装着糖果，随时嚼吃。"许羡苏在《回忆鲁迅先生》中说："大概每月从北大领薪水的时候，要路过一个法国面包房，他就买两块钱的洋点心，一块钱二十个，上面有奶油堆成的各种形状的花，装在两个厚纸盒里，拿回来一进门，照例叫一声'阿娘！我回来者'，接着把点心请老太太自己选择放进她的点心盒里，然后他又把点心拿到朱氏房里请她也选留，最后把选剩的放在中屋大木柜内，也把一小部分放在朝珠盒内留作自己用，这是每月一次，平常则吃点小花生或者别的点心如'萨其马'之类。"李霁野《在北京时的鲁迅先生》和《鲁迅先生与未名社》等文章里，也写到鲁迅爱吃糕点、零食，和年轻人边聊天边吃花生、糖果："先生是爱吃糖食和小花生的，也常常用这些来款客；有一次随吃随添了多次，他的谈兴还正浓，我料想两种所存的不多，便笑着说，吃完就走，他说，好的，便随手拿出一个没有打开的大糖盒。"我读到这里，不禁会心一笑，鲁迅的储备还真不少。鲁迅在《马上日记之二》中有一段描写，比别人回忆的文章更为详细而幽默："我时常有点心，有客来便请他吃点心；最初是'密斯'和'密斯得'一视同仁，但密斯得有时委实利害，往往吃得很彻底，一个不留，我自己倒反有'向隅'之感。如果想吃，又须出去买来。于是很有戒心了，只得改变方针，有万不得已时，则以落花生代之。这一著很有效，总是吃得不多，既然吃不多，我便开始敦劝了，有时竟劝得怕吃落花生如织芳之流，至于逡巡逃走。从去年夏天发明了这一种花生政策以后，至今还在继续厉行。但密斯们却不在此限，她们的胃似乎比他们要小五分之四，或者消化力要弱到十分之八，很小的一个点心，也大抵要留下一半,倘是一片糖,就剩下一角。拿出来陈列片时,吃去一点,于我的损失是极微的,'何必改作'?"这段幽默,在鲁迅来说,实在是不多见的。

拉拉杂杂说了这么多关于鲁迅先生爱吃零食的小嗜好,突然有点替鲁迅叫屈,先生要是生活在这个时代,关于零食、糕点的选择,要比那时候丰富得多啊。但是这也是没有办法的事,毕竟时代不同了嘛。那个时候的零食,比起现在来说,花色品种实在是单调得不止一点点。周作人、梁实秋等人的文章里都写过的零食也不过就那几种。周作人还在《南北的点心》里抱怨过北京的零食糕点:"我初到北京的时候,随便到饽饽铺店买点东西吃,觉得不大满意,曾经埋怨过这个古都市,积聚了千年以上的文化历史,怎么没有做出些好吃的点心来。老实说,北京的八大件,小八件,尽管名称不同,吃起来不免单调,正和五斋芳的前例一样,安春市场内的稻香春所做的南式茶食,并不齐备,但比起来也显得花样要多些了。过去时代,皇帝向在京里,他的享受当然是很豪华的,却也并不曾创造出什么来。"周作人所说的皇帝的吃食,溥仪在《清宫饮食回顾》里有写过:"隆裕太后每餐的菜肴有百样左右,要用六张膳桌陈放,这是她从慈禧那里继承下来的排场,我的比她少,按例也有三十种上下。"于是这位清末皇帝把他保存的"宣统四年二月"的某天"早膳"(即午饭)介绍了出来,我看一下,大多是禽肉类的:"口蘑肥鸡""三鲜鸭子""五绺鸡丝""炖肉""炖肚肺""肉片炖白菜""黄焖羊肉""羊肉炖菠菜豆腐""樱桃肉山药""驴肉炖白菜""羊肉片川小萝卜""肉片焖玉兰片""羊肉丝焖跑跶丝""黄韭菜炒肉""鸭条溜海参""鸭丁溜葛仙米""熏肘花小肚""卤煮豆腐""烹白肉""祭神肉片汤"等,另外还有几道素菜,也是"熏干丝""五香干""卤煮豆腐"等,都是好菜,但也确实蠢了点,全是肉,唯一的海鲜也是溜鸭条的,而且很多肉都重复了,豆制品也重了好几道。宫里都是这种厨子,料想街市上的点心、零食也好不到哪里去。周作人在《南北的点心》里,不由得怀念他小时候在南方吃的那些茶食了:"例如糖类的酥糖、麻片糖、寸金糖,片类的云片糕、椒桃片、松仁片,软糕类的松子糕、枣子糕、蜜仁糕、桔红糕等。此外,有缠类,如松仁缠、桉桃缠,乃是在干果上包糖,算是上品茶食。"在《北京的茶食》里,周作人还是免不了再次抱怨了几句:"北京建都已有五百余年之久,论理于衣食住方面应有多少精微的造就,但实际似乎并不如此,即以茶食而论,就不曾知道什么特殊的有滋味的东西。"周作人没有鲁迅能变通,连小花生都吃得有滋有味。但他说的也是事实。梁实秋在《北京的零食小贩》里,对北京的零食也没有说出多⋯⋯糖无非是"豆汁""灌肠""豆腐脑""炸豆腐""烧饼"⋯时,他三角""豆沙包""豆腐丝"等粗线条的,在说到马蹄、驴说:"北平的烧饼主要有四种,芝麻酱烧饼⋯不作长条状,蹄,各有千秋⋯⋯北平油鬼,不叫油⋯,小圆圈的油鬼主要的只有两种,四个圆饱联在⋯他并非美食。我来北京是咸的,炸得特焦,夹在烧⋯章中,梁实秋还写了北京字描写看,虽然将其写⋯,但有人拌葱卷饼而食之"。现场吃过,实在是⋯
的豆腐丝,形容⋯

再看汪曾祺笔下的扬州"豆腐丝",他在《干丝》一文里说:"一般上茶馆的大都要一个干丝。一边喝茶,吃干丝,既消磨时间,也调动胃口。"扬州的干丝是怎么做的呢?汪曾祺写道:"一种特制的豆腐干,较大而方,用薄刃快刀片成薄片,再切为细丝,这便是干丝。讲究一块豆腐干要片十六片,切丝细如马尾,一根不断。最初似只有烫干丝。干丝在开水锅中烫后,滗去水,在碗里堆成宝塔状,浇以麻油、好酱油、醋,即可下箸。过去盛干丝的碗是特制的,白地青花,碗足稍高,碗腹较深,敞口,这样拌起干丝来好拌……我父亲常带了一包五香花生米,搓去外皮,携青蒜一把,嘱堂倌切寸段,稍烫一烫,与干丝同拌,别有滋味……干丝喷香,茶泡两开正好,吃一箸干丝,喝半杯茶,很美!"这和梁实秋描写的豆腐丝简直是天壤之别了。这是汪曾祺父亲吃干丝的年代。现在的干丝又有改进了,叫大煮干丝。汪曾祺继续写道:"煮干丝不知起于何时,用小虾米吊汤,投干丝入锅,下火腿丝、鸡丝、煮至入味,即可上桌。不嫌夺味,亦可加冬菇丝,有冬笋的季节,可加冬笋丝。"现在,平民小吃"南京大排档"在北京开了数家连锁店,有芸豆煮干丝售卖,和在北京出售的"毕竟是讲究丝"相比,高下立判。像煮干丝这种点心零食,不能说不好吃,只能说工艺和火候的,这样比较也不是说北京人不会吃,能看出来,一个小点太粗糙了一些。这从售卖的麻花上也能看出来,是还有小麻花吗?够几个人当饭吃的。有人说了,不为什么。——愿意在吃食上用心思,不知时代真是变化万千。

渐同化,在我居住的小区

附近，有好几家点心店，有一家是专卖西式点心的，摆在橱窗里的样品，包装好看，点心名称也好听，什么蓝莓酥、卡雷多、巧克力阿拉棒，还有什么椰子甜霜、草莓甜霜、柠檬甜霜等各种甜霜类小点，感觉像是润肤露，实际上就是一种糕点。我也会买来吃。还有一家卖各类炒干果的，松子、杏仁、核桃等也是应有尽有。各地小吃、糕点更是互相融合。风味小吃虽然各有特色，其别具一格处同样被互相吸收。同时，网购的发达已经到了不出屋便可以尝遍天下美食的地步了，想吃什么好吃的点心、零食，只需下个单，一两天它便来到你的案头，多买几个品种，还可以挑挑选选。我也经常利用网络来买各种零食小点，从呼伦贝尔的纯手工制作的奶酪、牛肉干、羊排骨，到广州的口立湿、盲公饼、皮蛋酥等，我都买过。昆明的鲜花饼和石林乳饼也快递过两回。苏州的梅花糕、饭粢糕，朋友们也给我寄过。我也会在出差的时候，买点当地的特产，带回来分给同事们品尝，记得有一回去山东周村，带回几包当地街头现场制作的姜糖，还受到同事们的一致好评。

2021年11月23日漫写于北京像素

附录

花牌楼

阿作

阿作在巷子里玩耍。

巷子不长,窄窄的,叫花牌楼。

这个名字好怪。阿作想,既没有牌楼,也没有阔气的建筑或高大的台门,凭什么叫这么个好听的名字呢?阿作没往深处想,私底里以为,这巷子里,大约曾经有过高大的牌楼吧。阿作拿根小树枝,一边在地上划,一边瞟着巷东头,两只眼睛做贼一样慌张。

巷东头有什么呢?一眼望过去,冷冷落落的,除了几只黑乎乎的腌菜缸和大大小小的马桶,只在巷口拐弯的地方,有一个棺材铺的招牌,白底红字,写着大大的"寿材"。按说那也不算什么景致,可阿作的眼睛老是不停地瞟向那里。

五天前,也就是阿作刚来杭州的第四天,那个穿大襟褂子的女孩阿三，就是跟在庄立春身后，在棺材铺拐弯的街角消失的，说是回秀浦乡下了。秀浦在哪里呢？阿作不知道，离府城不会太远吧，大致和庄立春相住邻村吧。庄立春是女仆宋妈的男人，他给航船当船夫，隔三岔五会来城里。阿作对庄立春不熟，对阿三也不熟，但和阿三就像分别好久，又突然邂逅一般。那天，阿作远远望着阿三的背影，看她很瘦小的人儿一飘一飘地走，仿佛就要飞起来，那是她身上的大襟褂子过于肥大，人便看上去有些不稳。阿作看着她，觉得她的腿很短，褂子的下沿都打到她的腿弯里了。阿作就这么望着，一直望到棺材铺门口时，阿三突然回头，望了他一眼。他吓得赶快缩到墙角里了，心跳很快。待平静下来，从墙拐再探出头，阿三连影子都没有了。倒是姚老太太出现在自家门口，奇怪地问他，阿作，和谁躲猫猫呢？阿作头一低，说，我自己玩。

　　阿作不念书不作文的时候，喜欢一个人在巷子里跑来跑去，东邻的姚老太太和西邻的唐氏，有时候会问他，阿作，念过书啦？阿作，文章作出来啦？但听起来也不像是真关心，倒有些幸灾乐祸的意思，好像作文和念书是对阿作的惩罚。阿作便也爱理不理的。但，对姚老太太，阿作的态度改变了，原因就是她的干女儿阿三。阿三经常从乡下来看干娘——那当口，阿作还没有从绍兴来陪侍祖父——所以和潘姨太混熟了。阿作就是在潘姨太的屋里，看到阿三的。当时，阿作刚从祖父那里陪侍回来，到二楼靠窗的板桌上写字，听到女主人潘姨太和谁说话，是一个女孩子，说话老有吸气的声音，咬字也仿佛不清，她俩正说阿作呢。潘姨太说，老大家的二阿哥，就是咱周家的二少爷，前几日才从绍兴赶来陪老太爷。女孩"噢"一声,便伸出头来看。阿作扭过头也看到她了。她有一双狐狸眼,眉也细,弯鼻,尖下巴,脸色稀黄稀黄的,她冲阿作一笑,又缩头回去了。阿三在潘姨太屋里说了会话,好像还听潘姨太唱了两声曲,走了。她是跑着下了楼梯的。阿三走后,潘姨太出来,说,杨家三姑娘,姚老太太干女儿,都叫她阿三,从秀浦来的。说罢,又恶毒地骂道,这个姚老太太,长毛嫂嫂(太平军的妓女)都做过了,婊子的,认个干女儿倒是不像她,知礼,懂事,又恶俊。于是阿作知道了,潘姨太和姚老太太相处不到一起,也许就是水火不容,不然,何以这么恶毒咒骂?但潘姨太夸仇家的干女儿,倒是用了个"恶俊"的词,这在杭州府城,可是顶顶美人了。也许是潘姨太故意拿这话来抬高三姑娘,进而贬低姚老太太吧。阿作对祖父的这位小妾,说不上喜欢,也说不上不喜欢。但她夸三姑娘恶俊,倒赢得了阿作的好感。

紧接着,阿作就看到阿三回秀浦那天的背影了。算起来,他和这位三姑娘,连一句话都没说,只是对望了几眼,她的样子就烙在阿作的心里了。

现在,阿作在柿子树下,伸手一捞,就捞了一只绿头苍蝇。柿子树下的绿头苍蝇嗡嗡的,飞来绕去,很多。阿作的细胳膊划动飞快,一群绿头苍蝇上了他的当,从烂柿子上"嗡"地炸飞起来,就有一只撞到阿作的手心窝里。阿作捏着绿头苍蝇,想找来小菁满满,做推磨虫玩。可杭州不比绍兴,没有那些废弃的园子,找不到小菁满满,做不成推磨虫了。他就拿着苍蝇喂蚂蚁。柿子树的根部,有几块烂城砖围了个圈,把柿子树围在中间,一大队蚂蚁就从砖缝里蜿蜒到姚老太太家的墙根。阿作把绿头苍蝇的尸体放在队伍的中间，很快就有蚂蚁围上来了，又很快的，苍蝇的尸体变成了黑黑的一团，那苍蝇似乎还想挣扎着打个滚，终于还是不动了。阿作讨厌绿头苍蝇，虽然蚂蚁也不讨喜，由它们吃了绿头苍蝇也不可惜。

姚老太太又从屋里走出来。姚老太太望望天上的太阳，说，天都要晌了，阿三怎么还没过来？小婊子，急死我呀，船翻啦？被人拐啦？

这话是姚老太太对太阳说的，不巧让阿作听到了，阿作的心便"忽嗵忽嗵"地跳起来。阿作想，船不会翻的，他坐过无数次船了，航船、快船、乌篷船，他都坐过，也没见翻船的事发生。阿作又想，要是被人拐去卖了，做婊子了，我一定要把她赎回来。

阿作一直看着苍蝇被蚂蚁吃光了，也没有等到三姑娘来，又怕自己的心思叫姚老太太看了去，便起身，准备回家。这期间，姚老太太有几次伸过头来看看，嘴里"小婊子，小婊子"地嘟囔，大脸盘上长了许多像苍蝇屎般的斑，眼睛都胖眯了。她看几眼阿作，不知道阿作玩什么，为什么他要对忙碌的蚂蚁说天要下雨了吧。

但是，从姚老太太的言行看，阿作感觉到，三姑娘今天或许是不来的。阿作再一次瞟向巷口。

阿作的心思，还是叫姚老太太看去了。姚老太太的目光随着阿作的目光收回来，正经地说，阿作，你让你小太奶奶巴结巴结我，别骂我长毛嫂嫂，我把阿三嫁给你，好不？

阿作脸上立即滚烫起来。小太奶奶就是潘姨太,阿作从未这样称呼过她。小太奶奶,听起来怪别扭。更别扭的是,姚老太要把三姑娘嫁给他。

好不好?姚老太太不像是开玩笑。

阿作心里"轰嗵轰嗵"地跳,似乎只要一点头,杨家三姑娘就成他媳妇了。

阁楼上

阿作吃过晌午饭,登上咯咯乱响的木楼梯,到二楼临窗的一张板桌上念书——这是临时的书房,敞厅式的,阿作占据着。潘姨太住里间,也是不大的小房,除了一张铺,一张梳妆桌,一个樟木箱,两把木椅子,别的也没什么了。潘姨太让阿作的书房靠近自己,而且把卧房也安在书桌的一侧,其实是起监督作用——她怕阿作偷懒不用功。阿作在来杭州之前,在绍兴念过六七年书了,早三年在自家的家塾里,后来就到三味书屋正式拜了师,除了《三字经》《百家姓》《千字文》几本启蒙书熟读外,还念过《大学》《中庸》《论语》《诗经》等书,程度已经到了作八股文的火候了。照祖父的安排,除了作文、作策论外,还要作试帖诗。但试帖诗不容易作,八股文更是无聊得很,光一个破题,就要耗掉他大半天,所以他索性不作了,还是找闲书来读。潘姨太虽然管他,也不太严,毕竟不是嫡出后代(她也没有后代),所以,只要看见这位孙辈少爷坐在书桌前,也就由他自己了。

祖父指派的书实在寡味得很，阿作不想读。其实他现在什么书都不想读，只是尖起耳朵仔细地听楼下的动静。宋妈的一举一动，他都能感觉得到，洗涮、择菜、小声咳嗽，都没有逃过阿作的耳朵，就连拿针线匾里的眼镜盒的声音，他也听得清清楚楚。但，就是没有另外的声音——三姑娘跑过来的脚步声。

阿作悄悄从书堆下边，抽出自己花钱买来的书，这多半是杂记、野史类的，有《壶天录》《淞隐漫录》《阅微草堂笔记》《淮军平捻记》等，更有《林兰香》《搜神记》《荡寇志》一类的小说。阿作随便抽一本出来，是《镜花缘》，这书阿作读过，没什么新鲜的，只对那些绣像感兴趣，一幅一幅精致耐看。阿作拿出从海昌坊买来的荆川纸，蒙在画上，用祖父用过的小狼毫，一笔一笔地描，居然描了一幅。阿作看自己描得有模有样，着实欢喜，心想，三姑娘要是来了，一定也会夸他手巧。阿作这样想，仿佛三姑娘已经在夸他了，脸上漾起笑容，比一篇圆满的策论被祖父夸了还惬意。于是他再接再厉，又伏案描起来。这一回，他心不定了，老开小差，想着三姑娘，想着姚老太太，似乎他没有答应姚老太太，三姑娘也不会嫁给他了。

楼下响起沓沓的脚步声，不像潘姨太，也不像西邻的唐氏，当然不会是姚老太太了。

三姑娘来啦，这里坐歇。宋妈一直都是个热情的仆人，见谁都要给一张笑脸。

阿作清清楚楚听到了，手一抖，描线就打了个弯，赶紧要收拾桌子，可转念一想，这是三姑娘，紧张啥呢，没人罚他功课的。

潘太太呢？三姑娘说，那声音仿佛目光一样，射到楼上——她当然看不见阿作了。

去西邻唐婶那里说话了。宋妈说，二少爷在的，你莫去闹他，用功哩。

宋妈的话说晚了，楼梯已经"吱吱"起来——三姑娘上楼来了。

你在做文章吗？三姑娘的小脑袋从灰暗的楼梯口露出来。

阿作生怕她头一缩就退回去，忙拿起描好了画的荆川纸，对她说，看。

你画的？三姑娘连踩几个小碎步，来到楼上，走近了，才说，真好看，跟书上一样。

你看过书？

三姑娘摇摇头，猜的。

你可真会猜，就是照书描的。

三姑娘得到夸奖，比作画的阿作还开心，也夸他道，你天天用功，要考中举人秀才的。

三姑娘不知道先考中秀才，才能考举人。

阿作内心里不想当秀才，也不想当举人，可人人都喜欢秀才举人，包括三姑娘。阿作也只好把自己当秀才举人了。三姑娘站立在桌子一端，面窗，屋外的光线照进来，脸上亮堂堂的，连颈上的汗毛都看得见。阿作看了三姑娘的颈，白白的，便慌忙躲开目光，说，我给你看样东西。阿作从抽屉里捧出一个木箧子，拿出竹简，上面刻一首诗，说，认识吗？我念给你听，红粉溪边石，年年漾落花。五湖烟水阔，何处浣春纱。这是八大的诗。也不管三姑娘听没听懂，读过就算完事。又拿出一叠小纸，纸上印有鸦柳的图案，淡红色的。三姑娘伸手就要拿。阿作往怀里一缩，躲开了她的手，随即又觉不妥，往三姑娘手里送，说，好看吧。三姑娘反而不拿了。三姑娘的眼喜成了小月牙，嘴也裂开来，露出整齐的牙齿，笑了。阿作变戏法一样又拿出一种小纸，这种更好看，眉头上印有帘外牡丹，淡墨的，题曰：一帘花影诗中画。没等三姑娘伸手要，阿作就揭了一张，大大方方地说，送你。三姑娘接在手里，只是看上面的画，说，你画的也好看。阿作没搭三姑娘的话，而是嗅嗅鼻子。三姑娘说，伤风啦？阿作说，没呀，有味。三姑娘也嗅嗅鼻子，说，霉味，纸上的味。阿作说，不是，你身上的味，河水的味，腥腥的。三姑娘脸红了，推一把阿作的肩，瞎讲，才不是……

阿三！

是姚老太太的喊声，从巷子里传来。

莫理她。三姑娘说。

阿三！声音更大了。

哎——三姑娘尖叫着，应一声，伸一下舌头，扔下纸，跑了，咚咚咚咚，几乎是滚下了楼梯。

阿作虽然不讨厌姚老太太，但对她这一声喊，还是颇为不快，心里只觉得怅怅的。阿作再次嗅嗅鼻子，从屋山头的木格窗子望出去，他看到灰色的瓦屋顶和瓦沟里的杂草。姚老太太就住在那屋顶下。三姑娘想必已经跑进屋里了。

阿作拿起三姑娘扔下的纸，在纸上画，他画一棵草，又画一棵树和一只飞鸟，看着也还像回事。阿作又在树下添一个小人，起初没有给小人留辫子，看着小人肥大的长褂子，就把小人变成女的，还在小人旁边题了字：阿三。想起阿三要做自己的媳妇了，感觉这名字并不好，于是又在三字上加两点，变成兰了。

走婆

潘姨太在唐氏屋里说会儿话，听姚老太太喊阿三时，照例骂几声姚老太太。骂过了，顺着刚才的气，继续道，打牌人都凑不齐，这花牌楼，穷巷子，鬼地方！

潘太太会打麻将？唐氏问道，嘴角露出惊叹的样子，也不管怀里的儿子，正把鼻涕往她身上蹭。

不就是打麻将么。

其实，唐氏问完就后悔了，又听对方口气颇为不屑，怕潘姨太不快活，忙补充道，也是，有钱人家的太太小姐都会玩牌的。

潘姨太很受用她后补这一句，大嘴一撇，说，赶闲下来，我教你，我正好带一副骨牌来。

唐氏赶紧讨好道，那敢情好。

唐氏三十岁的样子，和潘姨太年龄相仿，却比潘姨太要矮一个头儿，火刀脸，脸色菜叶一样枯黄。十三四年前，她逃荒要饭到花牌楼，被阿泰留下做了媳妇。这刘阿泰也不争气，是个烟鬼，以前还倒卖一些假古董，这几年每天上午在高榻上吞云吐雾，下午泡泡茶馆，一家人靠举债生活。这么一个穷困潦倒的唐氏，不知为什么，潘姨太和她颇能说得来，常常一说就是小半天，东一句西一句。偶尔的，潘姨太会给唐氏吹吹她当年在北京的风光日子，听戏、唱曲、打牌、下馆子，好清闲哟。但多半时候，都是两人合起伙来骂姚老太太，又如出一辙地，喜欢姚老太太的干女儿。

就在潘姨太和唐氏说话时，隐约从巷口传来小锣声，仿佛是走几步，当一声，走几步，当一声，节奏缓慢。唐氏听到第二声时，脸色大变，对潘姨太说，讨债鬼来了！

潘姨太看唐氏抱着儿子钻进里屋，便到巷子里看讨债鬼。

潘姨太看到，这敲小锣的，其实就是一个卖花婆，臂上挽着一个柳篮，柳篮里是花花绿绿的花线、花样、鞋样，还有金银首饰。卖花婆又叫"卖婆"或"走婆"，这种职业其实就是三姑六婆的一种，大户人家是不让进门的，就是普通的讲究人家，也是拒之门外，生意大都是在街巷子里做成的。

潘姨太看到，姚老太太迎上去，抚着卖婆的花线篮，小声说，妹啊，怎么才来啊，刚刚刷了锅。

飘味斋吃过两屉包子了，卖花婆说，不稀罕你家两碗白粥。

妹啊，吃过就算了，还要数落我，要不，我给你炒两个小菜？

真吃了，不饿。

原来她们认识。潘姨太心想，一只苍蝇一坨屎，都臭！

潘姨太一扭腰，回自家院子了。

姚老太太确实认识这个卖花婆，传说还是结拜姐妹。两人就站着，在街上说话，说些什么，没有人听得清。

三姑娘也跑出来了，她站在走婆身边，几次想伸伸头，看看走婆篮子里的花样。

阿三，回屋去。

听了姚老太太的话，三姑娘没有回屋，而是去了潘姨太家。

姚老太太和走婆又嘀咕一会儿，就双双把手伸进对方衣袖里，互相摸着，又是点头又是摇头。其实，这两人是在谈生意。走婆姓姜，外号姜大麻子，名义上是卖花婆，也做"赁花"的勾当。"赁花"是一种变相的高利贷，却比一般放高利贷的更为凶恶。说白了，就是把珠花首饰租赁给别人，按日收钱。租赁的人如果拿去典当，结果须得付给当铺、赁主与经手人三方面的利钱，而且期限很短，催促很凶，所以不是通常妇女所能经手办理的，必须心狠手辣的恶妇方能吃得开。姜大麻子就是个很有手段的"赁花"。姚老太太有时也会请她帮忙做些这方面的生意。

你那副金镯子，城南那家赎回来了。姜大麻子掀起花篮上的花布让姚老太太看。

姚老太太伸一下头，也不知看没看到，就点头说了一串的好。

姜大麻子从裤腰里解下钱袋，摸出一串钱来，说，姐，拿好。

当。姜大麻子敲一下锣，跟姚老太一笑，开步走了。走到唐氏家门口，她喊道，唐氏，收钱来了。

没有回应声。

唐氏，上回我可催过钱了，今天都过两月了，几时拿钱来啊？不说话？你推死啊！姜大麻子的声音渐渐大了，我知道你在家，推死顶不了债，到时候可别怪我心毒手狠！

画

潘姨太在院子里,听远去的锣声,对宋妈说,姚老太太这老东西,跟走婆还有勾当!

宋妈说,小声,阿三在楼上。

潘姨太知道三姑娘在楼上,故意说,少爷的文章作完啦?

屋里的楼梯发出"吱吱"声。

三姑娘走了出来,从她俩身边走过去,消失在大门口了。

阿三那小东西也不是好货,将来总要落到拱宸桥去做婊子,和她老干娘一样卖!

阿作听到了,不明白做婊子是什么事情,卖,他也不甚明了,是否跟卖桃子啊杏子啊一样,他没有认真想过。但阿作在心里发誓,阿三果真做了婊子,必定去救她出来。

潘姨太和宋妈一前一后进屋来。

潘姨太走上了楼梯。她不像阿三那样,把老旧的木楼梯踩得吱吱响,她的脚是轻踩轻抬,能感觉到楼板在晃,却听不到声音。阿作知道潘姨太来了,就继续写字。照祖父给阿作定的规矩,逢三作文,逢六作论,逢九作策,今天正是作论的日子,而明天又要去陪侍他老人家一天,要把文章带去批改的。所以只得硬着头皮写,可他又实在写不下去,就胡乱地写字玩了,反正潘姨太也不识字。可写出来的是什么字啊,阿作自己都不敢相信,竟然是三姑娘三姑娘三姑娘,一张纸上都是这几个字,阿作便慌乱地把这张纸揉成团,扔到纸筐里了。

潘姨太走进自己的房里,她干些什么阿作不知道,可能又拿出那册戏本,翻里面的绣像看了。这一点爱好,倒是和阿作相同。阿作把笔放在祖父送给他的那方端砚上,呆想着。他无心作文,怕是提笔又写成了三姑娘,就找出上午描绣像的荆川纸,这纸比给阿三看过的两种纸又白又薄,四寸宽八寸高,阿作想了想,决定把它对折,订成小册子,专门用来手抄或绘画,先前阿作描的那张绣像和题了"阿三"字样的画,也一并订上去。

阿作对自己亲手制作的小册子很喜欢,决定继续画下去。画什么呢,阿作颇费一番思量。阿作的脑子里想了许多可画的事,绍兴池塘里的白鹅,堤岸上的柳树,水道里的快船,姚老太太,三姑娘……他突然想起潘姨太骂人的几个关键词:婊子,卖。于是阿作就在纸上画了一个大脸的胖女人——看来看去也不像姚老太太,这不打紧,反正她是婊子了。她的手上提着什么呢?篮子?不会。挑着担子?也不会。阿作最后画了一串圆圈,圆圈一个紧挨着一个,拥拥挤挤的,中间有一根线串着,让她提在手里,这就是她卖的东西了。阿作想不明白卖的真实内容,以为凡卖,必像麻花油条一样,一个一个地卖给别人,又像桃子杏子一样随摘随长,年年有的卖。可给这幅画题款就难了,笼统地写上"姚老太太卖身图",肯定不妥,万一让她知道了,那可闯了大祸。就算姚老太太不知道,万一给潘姨太知道他在画这么一个东西,也是怪难为情的。阿作沉闷好久,索性什么也不题了。

让阿作惊喜的是,三姑娘又过来了。

她照例是先走进楼下的堂屋里,问一声宋妈,太太在么?

宋妈永远都是眉眼带笑地和蔼,声音柔美地说,在的,在的,楼上睡房里。

阿作脑后没有眼睛,但在楼梯的"吱吧"声中,仿佛看到三姑娘正用眼睛看他,然后,走进了潘姨太的房里。

太太看书本啊。阿三似问非问的话算是打了招呼。

阿三。潘姨太叫一句,已经忘了刚才的不快。

房门随即关起来了。

阿作听到潘姨太的房里传来隐约的说笑声,潘姨太的声音略高些,三姑娘的声音则低得可有可无。后来就是潘姨太唱曲的"咿呀"声了。阿作听不清。听清了也听不懂。这倒是给阿作提供了一个作画的素材。阿作画了一大一小两个人,一个坐在床上,一个坐在椅子上,坐在床上的,手里拿着唱本,坐在木椅里的,两手托腮在听。

一个下午,阿作没读一页书,文章没写一个字,只干作画这个工作,把一册荆川纸的本子画了一半。到潘姨太的房门打开时,他才收起小册子,摸一本书摊在面前做样子。

三姑娘走出来,脚步停在潘姨太的门前,看阿作。

我家少爷,潘姨太说,少爷明天要交文章的。

三姑娘就走过去,脚步轻轻的。

潘姨太想拦,却也跟着走过来了。

阿作知道身后有这两个女人,特别是三姑娘,好像就在他后脑边,他下意识地扭回头,几乎就要碰到三姑娘的脸了。阿作看到邻家干女儿猛地缩回身子,显然她没有想到阿作会突然看她,脸色顿时红了。

我洗了澡的。三姑娘说,她想起阿作说她身上有味的话了。

傻姑娘,害不害羞。潘姨太说。

怪不得，阿作想，有股子甜味呢。

她们两个就这么看了一会儿，看阿作读书。她们哪里知道，阿作的心思根本没在书本上。潘姨太轻轻拽一下三姑娘，才一起下楼去了。

府狱

天麻麻亮，阮元甫就收拾好东西了，只等阿作起床，一起往杭州府狱去。

阿作昨天晚上睡晚了——他熬夜作成一篇三百字的策论，用完整整一根洋烛。这篇文章明显是敷衍，怕是在祖父那里通不过。

出门向西，出花牌楼巷口，是一条十字街，名叫塔儿头，这比东巷口棺材铺那一带要热闹多了，店铺一家挨着一家，几乎什么都能买到，吃食、纸笔、零用、杂货、茶庄、药铺，还有一家专门卖新式麻袋的店面，阿作进去看过景致。

由十字街往北，隔着锦达当铺就是银元局，再拐个弯，就望见杭州府院墙了。这条路，阿作已经随阮元甫走过了好多趟，上一次阮元甫就问过阿作，能找着吗？阿作回答说能，但阮元甫不放心，每次都领着他来。其实我能走。阿作心想。

府狱就在杭州府院内。看管祖父的狱卒是个老头，叫邹玉，和祖父很有话聊，也喜欢听祖父大骂"呆皇帝昏太后"，听祖父讲《封神榜》《斩鬼传》，他脸上什么表情也没有，只是听。不过他跟祖父的关系肯定也是不一般的，因为走进监房总共经过的四道门都很顺，狱卒看他们来，脸上连表情都没有。阿作知道，这座大狱里的各层关系，都被祖父走了关系的。祖父在狱内的各处都可以自由出入，和各个院子里的狱卒聊天，冲他们大骂：呆皇帝昏太后。阿作觉得，祖父这哪里是坐牢啊，就是在住客栈。

阿作进了门，不用禀报，邹玉已经看到了，他摸了下阿作的头，说，来啦。

祖父用完早餐，就坐到那把木椅子上，看阿作交上去的文章。

阿作心里有底，知道文章确实差了些，怕祖父大怒，心里忐忑着，准备接受呵斥。但出人意料的，祖父看了一会儿——许是作一番思量的，突然拍一下桌子，大声说，好！

阿作在狱司里陪祖父吃了午饭，又和祖父谈了会天，写了一张魏碑让祖父批改，最后，祖父考了他一段《大学》，到小傍晚时，祖父才说，回吧。

阿作担心的事情还是发生了——阿作一进家门，闻到了六合糊的香味。六合糊是乡下常吃的一种粥饭，由玉米、小麦、大麦、荞麦、高粱、黄豆六种杂粮混合做成的粉，和山芋放在一起煮成粥，很好吃。杭州城里人不吃这东西，只有乡下人才吃。宋妈的丈夫庄立春在河道里给人家摇船，碰巧有客进城，便带些来。宋妈拿了六合粉，煮了半锅，除了自己吃一碗解解馋，也给东家尝尝鲜，特别是阿作，平时总觉得饿，有这一顿地道的乡下风味，只觉得满口生津，吃一碗还想吃第二碗——可惜一般只有一碗。但是今天，阿作对六合糊特别反感，六合糊就代表庄立春来过了，庄立春一来，三姑娘说不定也随他回秀浦乡下了。

阿作，吃一碗六合糊来。宋妈已经把一大碗黄灿灿的六合糊放到桌子上了。

庄叔叔呢？

走了，宋妈完全没有注意到阿作心里的事，继续说道，才走一小会儿，他还吃了我一碗六合糊呢，是我催他快快上船的，怕天黑赶不回。

阿作便生了一些冤恨来，赌气上楼了。

怎么不吃一碗啊，不冷不热正正好吃哩。

不吃！

宋妈脸上的笑便凝固在脸上了，说，这孩子，文章没做好，叫老太爷骂了。

一会儿，潘太太回来了，她上楼问，老太爷那里还好？

阿作心里难受，只说一个字，好。

老太爷有没有带话来？

没。

潘姨太哦一声，又说，宋妈给你留一碗六合糊。

不吃。

潘姨太知道阿作不快活了，在他身后站站，回屋了。片刻，她又回来给了阿作一百文钱，说，拿着，有时间去十字街口买豆腐串吃。

潘姨太

潘姨太走回房间还在想，小屁孩，长脾气了。

潘姨太坐在椅子里无聊，便从箱子里取出唱本，一本《山阴道上》，另一本《二进宫》，都是相公子送她的。这可是相公子的信物啊，潘姨太一直把唱本留在身边，随身带着，连老太爷都不知道这东西的来龙去脉。

潘姨太藏着秘密，也藏着伤感，好多年了，还让她常常想起十多年前的旧事，那时候她还是个孩子，叫大凤，也就十四五岁，跟现在的阿作一般大，比三姑娘只小一点点，却比三姑娘水灵多了，胸是胸，腰是腰，脸盘端正，眉眼俊秀，是潘家班最美的美人啊。不过，大凤对自己的身世一无所知，朦胧中，只记得她很小的时候，被带到戏班子里，老板姓潘，唱须生的，身板宽大，武功好，做事却粗鲁，老板娘唱花旦，声音扮相都是一流。

大凤在潘家班学戏，一开始都是干刷锅洗碗的活，后来大了，才跟着潘老板学劈腿，跟着老板娘学唱腔。不知怎么回事，大凤人漂亮，学戏却笨得要命，几年下来，武戏学得半生不熟，唱腔更是夹生饭，上不得台面。可潘老板和老板娘还是觉得她工夫没用到，心没用足，依然用棍棒和针锥来教训她。潘老板是耍棍棒的行家，对付这个不专心的笨学生也是轻车熟路，那用在舞台上表演的花棒，专往她的疼痛处打——她劈不好腿，就抽打她的小腿骨，拿不稳大顶，就抽她的手掌心。老板娘更是手段多端，一句一句教她唱戏时，只要哪儿唱不准，或哪儿不到位，插在头上的银钗或藏在髻幔网里的绣花针，就像变戏法一样地到了手上，"呲啦"一下扎进她的皮肉里，血珠子顿时冒了出来。

在学艺的日子里，大凤天天都是伤痕累累，哭哭啼啼，却还要劈腿拿腰，咿咿学唱。这场景让相府的相公子遇着了。这相府虽是破落人家，可毕竟好几代都官至尚书侍郎一类的要职，老祖母做七十大寿也要硬撑些门面的，好的戏班子请不起，就请潘家班来唱半个月。相府的相公子是八旗子弟后代，不学无术，却喜欢端着鸟笼子，拎着蛐蛐罐，出去逛赌场斗蛐蛐，他原本对祖母做寿没一点兴趣，不巧却无意中碰到了大凤——那天是早晨，在花园的紫薇树下，正在劈腿拿腰的大凤让他大为惊讶，天底下还有如此俊俏的美人儿，于是他便在相距不远的垂杨柳下假装逗鸟，暗中看大凤练功。大凤一连几个转身小跳，紧接着一个白鸽亮翅，正巧和相公子的目光相遇。相公子目光带爪子，逼人，抓人，特别是他那馋涎欲滴的样子，让大凤很不好意思，亮翅的身姿便软了下来。

就这样，一向不看戏的相公子突然坐进了大楼里。这相府的大楼七大开间，楼底中间大厅置有戏台，相家原来有自家的唱戏班，家道渐衰后便散了。按照相家的家规，男宾在楼下大堂看戏，女眷们在楼上听戏，是不能混坐一堂的。但现在已经不是从前了，讲究不起来了，相家男男女女都坐到了大堂里。在这些男男女女中，就出人意料地坐着相公子。相公子不是来看戏的，他是来看那个常挨打的少女的。可惜连看了两天，也没见少女登台唱戏，第三天他便到后台，准备去问个究竟，这一问便看到了打散杂的大凤。戏正在热热闹闹地唱，大凤没时间跟他说话。他也不客气，就帮大凤搬道具拿服装。相公子是相府的大少爷，没有人敢对他说什么。就这样，一来二去的，相公子和大凤就熟了。到唱满戏那天，相公子对大凤已是难分难舍了，两人还偷偷到后花园的紫薇树下拉过手，临别时更是说了许多体己话，相公子还送了两册唱本子给大凤。大凤知道相公子对她好，那又怎么样呢，自己的命握在潘家的手掌心里，只好把唱本偷偷藏起来了。

大凤以为相公子会记得她，哪曾想，戏班子离开相府第二天，在妓院留宿的相公子不幸失火烧死了。大凤从潘老板口里得知这一消息后，心里暗自悲叹，偷偷落过几回泪。大凤在此后的练功学戏中，更是把握不住要领，经常走神。潘老板和老板娘一合计，认为大凤是人大心大思春心切了，如此下去，花许多银子买来的大凤，养了这些年，要是学不成戏，那真是亏大了。老板娘心一横，找到一家妓院的老鸨，做了一碗厚厚的白汤，骗大凤说这是调理嗓子的好药。大凤不知是计，把一碗白汤吃了，虽然有些怪味儿，但是冰糖放多了，也还能吃得下去。可吃下不久，大凤的小腹就刀割一样疼痛，忍不住要去撞墙以求一死。怎奈潘老板夫妇硬是把他按在床上。在一个多时辰里，大凤直疼得死去活来，到半夜后才慢慢好转。

大凤恢复元气之后，发现月经停了，大凤自己担忧，也不便问谁。有一次，老板娘对大凤说了实话，大凤啊，你在咱潘家，吃香的喝辣的，穿金的戴银的，戏也学了这些年了，该到长进的时候了，以后你就是咱潘家班的台柱子，你就是咱潘家班的摇钱树了。说完一通好话后，她口气一转，道，大凤啊，你就断了嫁人的念想吧，知道上次你吃的什么药？那药吃了之后，不仅嗓子变好变亮，还让女人绝经绝育。大凤一听，头"嗡"的一下大了，她意识到，这辈子的女人白做了，老板夫妇这样做，无非想让她一辈子卖给他们，做他们的摇钱树。大凤心里暗暗发了狠，你废了我一生，我也决意让你们如意算盘得不逞。从此，大凤更是消极怠工，任你怎么打怎么骂，练功学戏反而越来越差了。这样又过了两三年，感觉这棵摇钱树实在没有指望了，潘家班又策划把她卖给妓院或卖给有钱人做妾，这样还能赚一笔。

这事不知怎么传到了阿作祖父的耳朵里。这周老太爷刚从鄞州道台的任上下来，调任京城做着不大不小的六品官。他家在绍兴，没打算搬过来，便有纳妾的心愿，经人说合，花了两万两银子把大凤娶了过来，让她成了周家的姨太太。潘姨太是两手空空嫁过来的，包袱里只有两册唱本，算是嫁妆。祖父知道她学过戏，便也没去多问。一晃十多年来，这两册唱本从北京跟她来到绍兴，又从绍兴来到杭州。

潘姨太从楼上下来，看阿作在院子玩，看他在一间空关着的西屋门上写字。阿作用手指蘸一点唾液，在门板上写阿三，又写一个三姑娘。

阿作，写什么呢？

玩。阿作知道潘姨太不识字。

潘姨太把背在身后的手拿出来，说，阿作你看，唱本。

阿作这才回头。

你给我抄一本，好吗？

抄它干吗？

阿三要跟我学戏，抄了送给她。

好。阿作高兴了，接过唱本和小册子了，乐颠颠地走了。

潘姨太隔着阿作的肩膀，和后门口的宋妈对视一眼，两人都会心地笑了。但潘姨太没有立即走开，她对这间挂着铜锁的边屋也突然好奇了，便伸手推了一下门，两扇板门被推开一条缝，这条缝够宽了，能放进一个拳头，潘姨太直感到从门缝里冒出一股阴气，心跟着虚了一下，随手拉了铜锁，关紧了门。

姜太公后人

有一天，刚刚近午，花牌楼窄窄的小街巷被阳光填满了，刺眼的阳光照耀着粉色的墙壁和黛色的小瓦，瓦楞里原先碧绿的小草也随着夏天的逝去而渐渐枯黄，大群的麻雀从屋顶上呼啸着飞过，它们带来的一阵风从街巷里穿越而来，不绝如缕。风从棺材铺那儿又带过来几块来历不明的纸屑，它们在石板路上跳跃、滚动，一直到阿作身边才停住。阿作对于天气的变化毫无知觉，他依旧在姚老太太家门口的柿子树下玩。阿作在玩一把小刀，这是他从后院的墙缝里拔出来的，原本锈迹斑斑，被他在石头上磨亮了。阿作用这把半尺长的小刀逮苍蝇，苍蝇还是那么的多，飞起飞落，成团成群，可阿作已经懒得抓它们了，因为没有成队的蚂蚁来吃它们的尸体了。阿作举起小刀，瞄着苍蝇。刀飞出去，却没有扎到苍蝇的皮毛，直愣愣的小刀插在地缝里，阳光让白亮的刀锋闪着耀眼的光芒。

阿作不知道如此炫目的阳光是用来迷惑人的怪物，紧跟着阳光和阵风的，就是渐渐掩盖过来的黑压压的云层和延绵多日的秋雨——当然，现在的云层还在遥远的天边外，离阿作寄居的城市还有一段距离。

此时走近阿作的是一个青年。

青年高大挺拔，威风凛凛，方脸堂上一双剑眉，走起路来呼呼生风。阿作猛一抬头看到他，看到他已经冲自己笑了，他的厚嘴唇是紫色的，牙齿是酱黄的。

你是阿作？嘿嘿你就是阿作，和我想的一模一样。

青年的说话声和他走路一样铿锵有力，声音和脚步同时在阿作身边停住了。

阿作不认识他，他从哪儿来呢？怎么知道自己叫阿作？阿作一头雾水，同时也有一些胆怯。

不要猜我是谁了，我告诉你，老子姓姜，姜太公的后人，姜太公就是姜子牙，你不认识的，他是我家老祖宗，已经成仙了，哈哈哈后头就轮到我成仙了。青年大大咧咧、自作主张地说，这样吧，你以后就在我手下听差了，我不去做拳匪，我要做神仙，等我成了仙，你也快成仙了。

我不想成仙。阿作说。

你看，他不听我的。青年说着，从身后拽出一个小人来。

阿作一惊，这不是姚老太太的干女儿三姑娘吗？原来是她躲在青年的身后。阿作笑了，他对自称姜子牙后代的青年一下子充满好感。

三姑娘说，是我跟他讲的你，一路上我们都在说你，还有潘姨太。姜大哥还要请潘姨太唱一段曲，是不是姜大哥？

你不要叫我姜大哥，我叫姜天，你叫我姜天好了。阿作，你也叫我姜天，我是姜太公的后人，不当大哥，我就是姜天！

阿作听他的口气很实在，觉得这个姜天值得依靠。

你没听过八仙的故事？姜天说，他还想动员阿作成仙，口气里充满了对八仙的崇拜，他们人人身怀绝技，各显神通，等我得道了，人们就得把八仙改成九仙，因为我成为后人的传说了。

姜天的声音传到姚老太太家屋里。姚老太太的小脚一扭一扭地出来了，她说话像唱歌一样，哎呀呀我说是谁，原来是我家大侄子啊，屋里请屋里请。阿三，让你大姨哥进屋啊。

我不进屋，我有公干。姜天说着，手一挥，指向唐氏家的门楼，那是唐氏家？

姜天走在前头，阿作和三姑娘跟在后边。

姜天走路的姿势很有派，阿作不自觉地也学着姜天走路的样子了。他们走过阿作家门口，一直走进唐氏家的院子。唐氏正和潘姨太议论着天气，看到进来一个威猛如强盗的青年，心猛地一收，不知出了什么事，再看身后的跟班不过是她认识的两个少年，料想也没有什么大事。

姜天一进院子，仿佛早就认识唐氏一样，对那个矮个子女人说，我妈让我催账来了。

原来是走婆的儿子，收高利贷来了。唐氏只觉得头顶冒出一股冷气。

我住姚姨家不走了，我妈让你赶快筹款，我等着拿回去。姜天说着，转过头对唐氏身边的潘姨太说，你是潘……太太……

姜天的话突然打住了，后面的"太"字咬得很轻，仿佛被咬成一股气流，从嘴唇上飘出——他看到潘姨太正惊诧而又惊喜地看着自己，眼里放出两股闪亮的光，好似两把尖锐的钢锥，深深地扎过来。姜天也呆住了，一路上他听三姑娘介绍潘姨太时，就感觉她是个美人坯子，可没想到她美得是如此惊艳，让他不由得怦然心动。姜天看到她从花线绒大襟褂中伸出左手——那是一双晶莹如玉的纤纤小手，在头发上梳理一下，然后一扭腰身，却并没有走开。

是我告诉姜……天的。三姑娘说，我还说潘太太您会唱曲儿。

潘姨太这才醒过神来，她赶快扭过头去，以掩饰自己的失态，轻声轻语地说，就你多嘴，走，陪我说会儿话去。

三姑娘跟着潘姨太走了。

三姑娘走到门口时，还回头看一眼阿作，跟阿作一笑，嘴巴夸张地说一句话，却是没有声音。

阿作从口形上听出来，她是说，你也来玩啊！

阿作点点头。

说什么呢！姜天按一下阿作的头脑壳，走，我带你玩去！

姜天带着阿作回到姚老太太家。

姚老太太看着姜天，满心欢喜地拿着扫帚把，使劲儿在姜天的身上拍拍打打，像是他身上落满厚厚的灰尘。

阿作说，姜天身上干净着了。

姚老太太把大胖脸笑成太阳花，她说，他是稀罕客人……阿作你叫他什么？

是我让他喊的，我就叫姜天，谁都要喊我姜天，我要把姜天的名号叫响全天下！

瞧这孩子，有气魄！姚老太太说，这回要多住几天啊，别像你妈那样，屁股上装了火盆，坐不住，连屋门不进就走了。

大姨妈，我这回不走了。姜天坐到八仙桌旁，说，府城里有许多账收不上来，我妈让我住在你家，收账。

好,好,好,好啊好啊……尽管住,放心住,哎呀,还是我这妹子心疼老姐啊。

姜天从包袱里取出一个账本,举起来一晃,说,我过晌就去收账了,阿作,你就是我跟班了,长长见识去!

别拖累人家阿作了,人家阿作是大户人家的少爷,要读书写字的。

没事,耽误不了时间。阿作,跟我收账,不用带刀,做大事,要讲究套路。

收账

天空阴云密布,不过晌午饭这点工夫,脸就变了。

姜天穿一件白竹布长衫,精神抖擞,很有派。

姜天到阿作家喊阿作,拎着长衫在楼梯上碰到了潘姨太。

潘姨太轻轻咦一声,对他突然间换了行头不能适应,但很快就被他的气派镇住了。潘姨太盯着他看,乌黑湿润的眼睛眨都不眨。

姜天说,阿作呢?

潘姨愣神地说,……啊,我家阿作啊,下午要写字的,没时间玩。

姜天一副独断的口气,写什么字,天数多了,不在乎这半日,阿作,走!

潘姨太只好对阿作说,阿作,黑天前要回来的。

阿作答应一声晓得了,高兴地离开书桌,跟着姜天出门了。

望着姜天的背影，潘姨太说，这个人，好怪。

在楼底做针线的宋妈，把这一切清清楚楚地看在眼里，对潘姨太的话暗自好笑，她顺着潘姨太的话说，也不光是怪，他就像戏文里的儒将……太太你是唱过戏的，你知道的比我多。潘姨太猛然记起来，卖花婆这个儿子，真有点形似相府的死鬼相公子啊，怪不得让她有似曾相识之感后，心又顿时花枝乱颤了。宋妈又说，就怕阿作跟他散漫惯了，学成了小流氓。宋妈是个有心机的人，这后一句是在试探潘姨太。潘姨太果然说，不会，跟好人学好事，跟坏人才学不良，我看这姜天像个正经的生意人。潘姨太说完，自知多说了一句，忙改口道，你说宋妈，这个姚老太太人不怎么样，做过长毛嫂嫂了，卖都卖过了，亲戚倒是一个个有些模样，不过呢，话又说回来，人不可相貌，海水不可斗量，龙生龙凤生凤，料想这姜天也不是好东西！潘姨太说完，瞟一眼宋妈。但她说迟了，宋妈已经看透潘姨太的心思了。

这时候的姜天，已经走在街巷里了，心里对这次出行很有些勉强起来。真是怪了，他想，竟然一上楼，就和潘姨太在楼梯半当腰打个照面，如此切近地在幽暗的老屋里，面对一个稀世美人儿，真是前所未有啊。

姜天突然生出一丝怜悯之情，觉得潘姨太，做一个蹲大狱的姨太太，亏大了。姜天这样一想，对收账这种俗事顿感了然无趣。

阿作跟在姜天身后，像他的一条小尾巴。姜天步子迈得很大，恨不得一步跨过一条街，阿作几乎是一路小跑了。姜天收账的方式令阿作感到新奇又潇洒，他并没有像那些账房先生，总是面露凶色地对待他们的顾主，而是说老套的一句话，我妈让我收账来了。他每进一家，都是这句话，仿佛收账这个事，如果不是他妈妈吩咐，就可以免了一样。自然的，姜天这种收账的方式，让他一个下午跑了二十几条街巷十数个门楼，碰到十数张长相不同却同样愁苦的脸，结果一分钱都没有收上来。

　　回来的路上，姜天走路就不再是恶狠狠地跨着大步了，而是一晃三摇，这里走走那里停停，杂货店门口要进去望望，虽然他什么也不买；汤圆店也要进去转一圈，也没有要吃一碗汤圆的意思；就连花圈店他也不放过，走进去，扯一扯花圈上白色的纸花，跟老板问一声，这个也能卖？老板不知道他水深水浅，只跟着他赔着笑脸。他们这样走着，遇到街角的一棵老槐树，姜天上去踢了几脚，老槐树晃动着，沙沙落下雨一样的黑色虫屎和落叶。走过一条河时，姜天迅速助跑两步，跳上石桥，身体一收，站稳了，一只脚踏在光滑的石栏杆上。阿作也想跃过几级的石阶跳上桥顶，但他能力不够，只跳到第四级上，再蹦了两蹦，也挨着姜天趴在石栏杆上了。桥下是一河的清水，有乌篷船从桥下穿过，摇船人的木浆划动着河水，撩起清冽的白色水花，水纹也一层一层地荡到河岸。河道两边临河人家的石码头上，晾着木质的马桶，也有人在河边浣洗，捶衣声砰砰地传来，给阴晦的河街增添了些许的响动，也让整条河有了生机。姜天朝河水里吐了口唾液。姜天的唾液非同寻常，像一颗石子砸进河水里，溅起一星水花。

　　你家主人多大年纪？姜天突然问。

　　谁？

潘姨太。

我不晓得,好像听宋妈说过,到年三十了。

阿三说过你家老太爷,他在府狱里坐牢,他是八十还是九十?

六十。阿作对三姑娘的误传有些不满,她什么都和你说啊?

姜天心不在焉地说,谁?说什么啦……

阿三啊,就是三姑娘。

她呀,稀毛丫头,我不要带她来的,我妈非要叫我带她来。她是我大姨的干女儿,一路上都说你的字漂亮,大像大,小像小,读书也好听。你字到底有多漂亮啊,赶有时间,写几个我瞧瞧,看你够不够格做我的师爷。

阿作常听祖父讲古,知道师爷就是幕僚,又叫幕府或幕友,文人札记里称学幕,演义小说里统称师爷,是个有心机有主见的角色。阿作得到姜天的信任,满心的欢喜,脱口道,我做你师爷,三姑娘做什么?

你说谁?三姑娘?姜天在阿作的腰上扫一腿,你敢打阿三主意,挑着灯笼拾粪,找死(屎)了你,你个小屁孩,多大啊,她可是我妹妹!

姨妹,不是亲的。阿作心里想,摸着被打疼了的腰,呲呲牙。姜天这一腿可不轻。

突然间,河埠的前头传来喧闹声,那是在河道拐弯处,一幢略高的房子前,有一群孩子在嬉戏,他们在门前的码头嘴上捣拐,或在河水里洗手。

是学堂吧？姜天说。

阿作在绍兴的三味书屋读过书，那格局和前边河埠边的十分相像，便说，是书屋。

看看去。

阿作没觉得那里有什么好看的。既然姜天要去看，他也没有理由说不去。

靠过来。姜天对迎面过来的一只破旧的黑乎乎的小船又是招手又是喊叫，说话间，人已经跳到河边的石阶上。

摇船人说，不带客，我回家。

姜天手指着船家，说，我让你靠过来，看到没有，前边学堂，送我们过去。

摇船人有些为难，因为他要把小船调回头去。阿作也觉得姜天要求过分了。阿作看到姜天始终指着船家，眼睛也瞪着他。船家是个本分人，也不想闹事，就把船靠过来了。姜天跳到船上，小船闪一下，晃得极不稳。阿作不敢跳，他要是再上去，小船许是载不动了。

上来！姜天的口气不容置疑。

是船家伸过手来，扶了一把阿作，才上了船。

小船驶过去，孩子已经走了大半，许是到了下学时间吧。阿作看到临河的后门上，有一块黑色的匾牌，上书"王广思堂"，大约是王姓先生开的学堂了。阿作随姜天下船，站到匾牌下仰望，匾下没有孔子牌位，只有一幅画，是荷花下面卧着一只螃蟹。姜天没念过书，却晓得对着牌匾拜了拜。有几个学生好奇这两位新来的陌生人，都围上来。一个胆大的戴着瓜皮小帽的孩子问，你们是新来的吗？姜天说是，又说，叫你们先生出来，迎一下。瓜皮帽说，先生买糕点去了。姜天双手背在屁股上，从高高的门槛上跨进去，看到一个十四五岁的孩子跪在讲台旁，姜天上去要踢他一脚，但那脚伸出去又缩回来了，问道，你给谁下跪？跪着的孩子两眼包着泪望着姜天，不敢说话。瓜皮帽子说，先生罚他的。姜天说，你们先生还会罚人下跪？这回好了，等你先生回来，我罚他给你下跪，起来！跪在地上的孩子不敢起来，瓜皮帽把他硬拉了起来，说，还不谢过大人！姜天煞有介事地说，免了。姜天把瓜皮帽拉过来，问，你们先生除了罚人下跪，还会罚什么？瓜皮帽踮起脚向外张望一眼，说，打手心，用戒尺。姜天从讲台上拿过一块油腻的长条木板，就是这个吗？瓜皮帽说就是这个，打手心可疼了，把手掌拗弯来，放在桌子角上，着实了打。瓜皮帽拿过下跪孩子的手，说，你看，手掌都打烂了。姜天看了眼孩子的手掌。阿作也看到了。阿作说，《中庸》《大学》，手掌打得烂熟。姜天说，你也知道？瓜皮帽子抢过话头说，《大学》《中庸》，屁股打得好种葱。姜天怒气冲了上来，大声说，这书念的，屁股打得跟翻过的土一样，都能种葱了，哈哈，还有呢？瓜皮帽子说，还有……还有没想起来。姜天又抓了一把小竹签，问，这是什么？瓜皮帽立即讨好地说，这是撒尿签，学生要是撒尿，须领得这样的签方可出去。姜天把一把撒尿签一根一根撅折了，扔到地上，又把戒尺折断，跟瓜皮帽子说，对你们先生说，姜太公后人姜天来过了，有事叫他找我去！

姜天和阿作是从前门出去的。

姜天迈着方步，还沉浸在刚才的畅快里。

阿作也觉得过瘾，跟着姜天不觉神气活现起来。

阿作随着姜天毫无目的地乱走一气，道巷越来越窄，也越来越散乱了，房子也低矮而破旧，在一座破庙前的空场上，居然看到一张裹着的芦席，芦席里露出两只裂了血口的脚来。阿作知道这是野尸，打个寒噤，绕着走了。

黄昏已经来临，小雨也飘落下来。

我们迷路了。姜天说，不怕，会找到花牌楼的。

阿作说，找到银元局我就认得路了，府城也行。

亏你说，姜天搡一把阿作的肩膀，突然转了话题，问道，潘姨太到你们周家几时啦？

我哪晓得啊，我小时候，就听奶奶说，北京有个小奶奶的。

你小奶奶可真嫩。

阿作知道姜天这句话未必是好话，便不吭声。小雨渐渐下大了，阿作感到一丝冷意，缩起了脖子。

你们周阁老家够牛，坐牢还要一家人来陪侍，姜天又说了，他喉咙里咕噜一声，嘻嘻的，有些不正经，还有男仆女佣，那对男女不会偷吧。

他们人好，不偷的。阿作显然没有理解姜天的话。

你知道偷什么？你是真不知道还是假不知道？女人偷汉子男人偷……算了，跟你说你也不懂。

其实现在阿作懂了。少年阿作的性启蒙，就是从姚老太太、唐氏、宋妈，还有潘姨太那些骂人的浑话当中得到的。还有从三姑娘身上，他也感受到某种说不清道不明的羞赧，回忆三姑娘又黑又大的狐狸眼和尖尖的下巴，似乎成了他来杭州这些天里唯一愉悦的事，他还喜欢看她躲躲闪闪的眼神和双颊飞红的模样。他不知道为什么喜欢。走在雨中的阿作一颗浮躁空虚的心因此变得柔软而湿润起来。

臭虫

直到二更天，阿作才回到花牌楼的家里。他的衣服已经叫雨水淋透了，身上直冒冷气，如果在灯光下，能看到他乌紫的嘴唇。阮元甫挑着一只灯笼在大门口等着，看到阿作终于回来了，忍不住说了阿作几句，多是责备的话。阿作到府城快一个月了，第一次受到责备，而责备他的不是女主人潘姨太，是家里的男仆。阿作能够接受仆人的责备，可见阿作知道自己错得多么严重。

阿作一声不吭地进了屋。

潘姨太和宋妈也还没睡，掌着油灯在堂屋里坐等，这时也迎上来。宋妈一摸阿作的衣服，连手心都感到冷，心疼地说，都湿透了，快上楼换了，会生病的。

阿作上楼，坐到蚊帐里，从床头的藤箱里取了衣服，就着楼下几乎忽略不计的一星灯亮，把衣服换了一套。潘姨太和宋妈都上了楼来。宋妈点燃了油灯，拿着阿作的脏衣服准备下楼洗，临了说，阿作你歇会儿喘口气，我热好饭喊你下来。

直到这时候，女主人潘姨太都没有说话。她坐在一张木椅子里，暗黄色的灯光，在她脸上闪烁，她的脸上有冷白冷白的烟紫红，嘴唇也红艳艳的，似乎涂过口红了，可能是下午化的妆。阿作不知道潘姨太会用什么话责骂他,料想会有一场暴风骤雨。但奇怪的是,她只是轻轻地叹息一声,说,真叫人担心,让我这做妾的担责任啊,幸亏没出什么事,幸亏还有姚老太太的大侄子。

阿作也松口气。知道不会有更严厉的责骂了。他再次看看潘姨太,觉得她的妆实在是不合时宜。阿作来府城这么久了,只见过潘姨太化过一次妆,那是祖父过去的同僚,同情周老太爷,派姨太太来接潘姨太去打牌的。潘姨太是落难之人,受到如此礼遇,觉得受宠若惊,对着梳妆镜描眉扑粉足足化了一个早上。阿作见过那时候新妆初成的潘姨太,觉得她更好看了。好看一词,阿作觉得过于笼统,他在他的字典里搜索到妩媚这个词,也将其作为标签贴在了三姨太那天的脸上。现在是深更半夜啊,化妆给谁看呢?对了,也许化妆时,还不知道他会这时候回来,不过是下午应酬的妆没有清洗罢了。

潘姨太朝书桌凑了凑身子,把灯芯挑大了点,灯光照亮了潘姨太,她的淡妆顿时就映出了美丽来。潘姨太在衣服外面又披了一件平时常穿的罩衫,而里面却是一身新衣,青绿色褂子,纽扣是盘花的,胸脯把衣服撑鼓了起来。阿作的眼睛从她的胸脯上躲开了,看到潘姨太是一脸的哀愁和满腹的心思。阿作突然间对她充满怜悯,同时也检讨了自己的过失。

我再也不这么晚回家了。阿作声音里是怯怯的,又是不满的,同时还有一丝自豪,都是姜天,他拉着我跑到城南,折了学堂里的戒尺,还看到死人……

他不是替卖花婆收账去的么?

他一分钱都没收来，除了满城乱跑，他什么都没做。阿作说，我看他不会收到账了，他根本不像一个收账的人，他除了满城乱跑，别的什么都没做成！

那他是什么？

他就是一个闲汉，流氓。

听了阿作的话，潘姨太惊愕地张圆了嘴，进而"噗哧"笑了，说，你说他是流氓？他能够格做个流氓就不错了，嘻……嘻嘻嘻……

阿作不知道流氓有什么好笑的，他愣愣地看着潘姨太。潘姨太也觉得自己笑得不妥，似乎还有些放浪，楼下可是有男女二位仆人啊，这两人可不比阿作那么好哄。于是她赶快捂了嘴说，阿作你下楼喝碗姜茶吧。

阿作，下楼来，喝碗姜茶，防止受凉。宋妈的声音一直都是暖人心窝的，趁了热喝，去寒气，保身子。

宋妈果然在偷听。潘姨太在鼻子里哼一声，起身回房了。

阿作下楼来。他又饿又渴，把宋妈熬的姜茶喝了，喝出了汗，感觉浑身通透。宋妈又端来白米饭和一盘炒咸肉，还有一盘臭冬瓜。阿作就着炒咸肉和臭冬瓜，把大米饭吃了两碗。

阿作真的累了，两腿酸酸的，脚脖子也疼。他躺在床上，感觉很踏实，又在心里说，臭虫啊臭虫，你可行行好，别再咬我了，让我睡个好觉，明天我让你吃个够。

这个世界真邪乎，想什么有什么。

阿作只感到腰眼上突然尖锐的疼痒，那是讨厌的臭虫又来咬人了。阿作的床上有许多臭虫。当然别人床上也有。要是谁被咬一口,身上会起大片的肿块,进而演变成疮毒。阿作家里的人可能体质特殊吧,但也经不住臭虫的叮咬,每夜都疼痒难忍,经常半夜起来捉。潘姨太就在某天夜里喊醒阿作,帮她一起捉臭虫。臭虫主要集中在帐子的四角,还有两扇的合缝处,聚成一堆,一团一团的。那夜里,潘姨太又喊来宋妈端来一铜盆冷水,三人齐心协力,把臭虫都拨拉到了铜盆的水里,铜盆里漂了厚厚的一层,由宋妈端到楼下消灭了。阿作不能喊潘姨太来帮忙,也不想喊宋妈来帮忙,自己浑身都酸疼,更不想起来捉,只好用手搔,越搔越痒,越痒越搔,又消耗了不少体力。所以阿作这一觉,直睡到小晌午,如果不是三姑娘来,他还是醒不来。

　　三姑娘是"咚咚"跑上楼梯的。她吃过早饭,听姜天吹了昨天下午的种种做派,满心羡慕他们的恶作剧,特别是他们撅折了私塾先生的撒尿签,真是过瘾得很。她也打心眼里钦佩阿作,觉得阿作比姜天还英雄。

　　三姑娘跑上楼来,看到阿作还在床上睡觉,便把脚轻抬轻放。她还不知道,其实她一上楼梯时阿作就醒了。她上楼梯的脚步声阿作太熟悉了,即便还在梦中,也能一下子醒来。但阿作不能马上起来,得等她进了潘姨太的房间。可阿作不知道,潘姨太一大早就出门去了,并不在房间里。三姑娘知道潘姨太在唐氏家说话。她就是来找阿作的。

　　三姑娘轻手轻脚地走到床前,屏住呼吸,想吓一下阿作。她刚想学一声猫叫,窗外姚老太太家的屋顶上那只花狸猫果真就叫了。讨厌讨厌讨厌!三姑娘咬牙切齿小声骂道,她恨死了那只猫,她觉得自己再学猫叫一点也不好玩了。

阿作就是在这时候突然忍不住笑了的。

阿作一笑就笑痴了，他在床上打着滚，说阿三你以为我睡着了对不对，对不对？

三姑娘跺着楼板，说要死了要死了，你装睡吓我啊，看我收拾你！

三姑娘说要收拾，却并未动手。

阿作翻身起了床，想起夜里挨臭虫的叮咬，便拎起帐子的一个角，抓了几个，用手碾死了，它吃我的肉，吸我的血，我也让它死！

三姑娘也来帮阿作捉臭虫，三姑娘跪在床沿上，在帐子的另一个角上也找到了一窝臭虫，她惊叫一声，呀，这么多！

多吧。

多还自夸，有什么好夸的。三姑娘说，听说你昨天晚上看到了死人？看到鬼没有？我最怕鬼了。

没看到鬼。看到也不怕，姜天会收拾他们。阿作想起他读过的《斩鬼传》，觉得鬼也不过如此，照样不是被一个个砍了头嘛。

他们在帐子的四个角和合缝处捉臭虫，两个少年都是跪着用膝盖当脚，在床上走来走去的，免不了会有磕碰，阿作的腿碰到三姑娘绿裌子的下摆时，仿佛受到了特殊的一击，是微痒而柔软的感觉，心里那种朦胧的东西突然清晰而热切起来，像浆汁一样流遍全身。

这么多啊，真是被咬死了。三姑娘的口气里满是疼爱，我在我干妈的脚头睡的，她每天晚上都帮我逮臭虫，一点都没挨咬。对了，干妈都是把臭虫扔到嘴里咬死的，"咯嘣"一声，很脆的。

阿作也看过宋妈把臭虫扔到嘴里咬嚼的动作，心想，咬死我也不把它放到嘴里，恶心死了。

你也咬一个给我看看。阿作说。

才不了，臭虫吃了你的血，我要是吃了臭虫的血，就是吃你血了。三姑娘看着阿作，声音低了，我不吃你，心疼。

楼下响起宋妈的声音，来啦？

来啦。姜天的声音带着嗡嗡的回声。

坐。

你家人呢？

谁？宋妈说，哦，太太到隔壁唐氏家说话去了。

我是说阿作。

在楼上。

三姑娘已经跑到楼梯口了，她叫一声，大姨哥。

叫阿作下来，跟我说话。

阿作、三姑娘、宋妈、姜天，都坐在堂屋里，听姜天摆龙门阵。姜天讲他如何打败流氓的事，有小流氓来向他挑衅，姜天指指自己的大腿，戳吧！小流氓对着他的大腿刺了一刀。姜天面无惧色，又说，再戳！小流氓又戳一刀，姜天还是眼不眨心不跳，第三次命令道，再戳！小流氓的手抖了，"扑通"一声跪在地上，拜了姜天为师，赔了姜天的银子，还请姜天下了三天馆子。姜天说，这叫受路足，是江湖行话，就是不怕打的意思，打了不怕疼，疼了也要忍，打翻又爬起，爬起又打翻。

阿作对姜天这一套闻所未闻。但昨天领教一下午，又听他这一讲，对他更是刮目相看了。

潘姨太也在这时候回来加入了谈话的行列。姜天又说了些什么，阿作就不想听了，只听他对潘姨太大声说，那唐氏还欠我的债呢。然后，潘姨太就让阿作上楼读书。

阿作当然不想走，他偷眼望了三姑娘一下。

阿三也去吧。

阿作心里甜蜜蜜的，和三姑娘一前一后上楼了。

阿作和三姑娘玩描画。还是老套路，阿作把纸蒙在画上，一笔一笔描，一边描，一边讲给三姑娘听。三姑娘趴在他身边，看得仔细，散乱的刘海，会碰到阿作的脸。阿作脸上痒痒的，心里也舒坦。阿作还让阿三也描一张。他们听不清楼下在说什么，反正姜天的声音很大，潘姨太的笑声很密集。

中饭前，楼下又增加一个人，这便是宋妈的丈夫庄立春。

庄立春来了。阿作突然憎恨起这个人来。因为他一来，三姑娘就要被带走了。

臭虫，阿作小声嘀咕道，臭虫！

你说谁？三姑娘问。

我说楼下那个人。阿三，你要跟姓庄的回家吗？

三姑娘不说话。阿作真想咬死庄立春，就像宋妈咬死臭虫那样。

听戏

落在府城的第一场秋雨淅淅沥沥，到了第三天才停，人们原以为这种牛毛细雨还要持续一阵子，没想到突然就晴了，猝不及防的，太阳一露头，天又燥热起来，人们刚上身的罩衣又晾到了衣绳上。

三姑娘已经回家几天了。阿作常去巷口呆望，一点也不想读书。

阿作不想读书也要读书，还要作文，偶尔也跟姜天出去玩一下午，到处游荡，城里城外闲走，看一些稀奇古怪的景致，并不惹事。至于姜天，登门索债自然还是不得要领，两手空空，和阿作闲聊中，更是流露出对这个工作没一点兴趣的意思，说要是有本事，会有人送给他钱财的，用不着到处讨债。倒是潘姨太忙了几天，她拉着宋妈到布店庄去，贵的便宜的挑了几块布料，又到裁缝铺，做了几身衣服。潘姨太没有忘记给阿作也做一件夹衫，是红青羽毛纱的料子，仅次于绸缎，等过几天真正的秋风一吹，就可以上身了。

八月的风丝丝缕缕地吹过钱塘江，仍然是温热而黏湿的，府城的街市总是这样半死不活，各种买卖说不上繁荣也说不上萧条，总之，有人在街上闲走，主妇仆人们忙着可有可无的家务。在一条并不繁华的南大街上，宋妈挎着个包袱跟在潘姨太身后，包袱里是潘姨太新做的衣裙。

主仆二人走到城隍庙前，看到庙台上做了装扮，成了戏台，下边也有人忙着搭看台。

莫非是要唱戏么？潘姨太停下脚步。

是要唱戏。宋妈有经验。

要来听一出的。潘姨太对戏还是情有独钟。

过晌让阮元甫来租个座位？

好呀。

戏是敬神戏，不是全篇的大戏，一折一折的，一连往下演，武戏文戏都有，看了也还热闹。阮元甫租的是前方靠右的一条长凳子，能坐三人，一租五天，位置颇佳。头一场戏是宋妈和阿作陪了潘姨太来的。第二天，阿作换成了阮元甫，因为这天是阿作陪侍祖父的日子。

正是这平常的一天却出了乱子——戏看到散场了，胖子台主走了过来，对阮元甫说，你们下场戏不要看了，这条凳子不租了。

明明租了五天，怎么突然不租了呢？阮元甫是老实人，也急了，因为潘姨太被人下了逐客令，大为窘迫。

不租就是不租。台主很强硬地说。

我们又不是没付银子。阮元甫说，他心里清楚，可能要另租给有钱有势的人了。

你以为我缺银子？就是不租。台主的两腮挂着横肉，差不多搭到了肩膀上，话里夹带着浓重的喘气声。

潘姨太他们听台主说话如此坚决，自己又是外乡人，也便忍气吞声，准备放弃。突然间，潘姨太看到了姜天，他在前面戏台下正朝这边张望。潘姨太便扯扯宋妈的衣角，向姜天努了一下嘴。宋妈也看到姜天了，立即跑过去，对姜天说了两句。

姜天走过来，他也不生气，只是昂着头，眼睛略望下斜。他用下斜的眼，望一眼台主，算是打过招呼。台主也看到了他。他拍一下台主的肩，说，你这台……不租了么？那么由我租了给这位夫人了。他又对潘姨太说，太太你明天照常来听戏，我租的。

两腮挂肉的台主大约也见过世面，立即赔了笑脸，说，爷您说了算，您说了算，这台就由您租给他们了。爷你这边请，兄弟我请您到望江楼吃茶去。

免了。姜天也不多说，昂首走了。

这件事让阮元甫佩服得不得了，一路上大赞姜天算条真汉子，也不怒，也不打，只稍几句话，就让台主服服帖帖了，还要赔笑脸，还要请吃茶。宋妈也附和几句，说姜天像个干大事的人，比他小气吧啦的母亲强了百倍。潘姨太不吭声，脸上是快乐而欣喜的，她一边走，一边回身看了眼身后，盼望着姜天能从后边赶上来。

回到家，阿作也从祖父那里回来了，阮元甫又对阿作吹嘘一番。阿作自然也为姜天感到自豪，甚至把姜天准备让他做师爷的事也说了。阮元甫一拍大腿，说，好啊，师爷最有派头最有学问了。

好你个头啊，还派头。宋妈说，少爷要考中举人做大官的，做师爷，屈他了才，要有别人给他做幕府才对头，是不是太太。

潘姨太没上心去听，含糊其词地应一声，心已经不在这间屋里了。

太太你不舒服么？宋妈说着，眼睛往大门口瞟了瞟。

没有啊……哦……是不舒服，头晕，叫那老胖狗气的，他凭什么赶我们走？多亏姜天……潘姨太说罢，眼睛也瞟向了大门口。

门口果然飘然进来了姜天，潘姨太嘴角咧开来，乐了。

姜天若无其事地走进堂屋，在阮元甫给他让的座上坐下来。

阿作今天上府狱啦？那地方好威风，我还没进过去。姜天坐下来，没等别人恭维他今天的表现，就遗憾地说，我屁股还没挨过板子，大枷也没有戴过，府狱自然也就没资格进了。

挨板子戴大枷，那可是犯人啦。宋妈说，姜大哥你好人，不会挨板子戴大枷的。

宋妈你真不懂了，人这个江湖，这个履历可是不能或缺的。

是么？宋妈自感见识短浅，拿眼睛望着潘姨太，心想潘姨太见过京官的，懂的自然要多得多了。可她这一望，见潘姨太直直地盯着姜天，眼睛湿润如一泓秋水，漾滟着千娇百媚，连宋妈都被这眼睛吓了一跳。宋妈又去看姜天，姜天目光炯炯，也和潘姨太对上了。宋妈就把头低下来，算是什么也没看见，心里预感到，一桩风流韵事就要在眼皮底下发生了。

是么？宋妈又重复一遍，好让这两双眼睛回到现实里来。

那是自然，姜天嘴上在回宋妈，眼睛却对潘姨太说，是不是潘太太？

是……是……

潘姨太方寸已经大乱，看男仆阮元甫已经注意到她的失态，赶忙说，我要先去歇一会儿了，浑身不舒服啊。

太太怕是病了。宋妈已经起身过来，扶着潘姨太上楼去了。

阿作挨过来，坐到潘姨太方才坐的凳子上。

姜天反而不讲了，他起身，大声说，走，阿作，我带你到东昌坊吃碗荤粥去。姜天明明是对阿作说的，嘴巴却冲着楼上，似乎故意要让楼上的潘姨太听到。

阿作在府狱呆了大半天，听祖父给他讲了一篇《大学》，脑子里正糊涂着，有荤粥吃，还能上街转转，真是妙哉。

荤粥店在东昌坊口南边的都亭桥下，招牌叫味芳楼，和开棺材铺的是一个老板。姜天和阿作一路走来，把绊在他们脚下的石子和落叶都给踢飞到天上，有一块石子正巧落在一个行人的肩膀上，行人转过身来，露出不高兴的神色。姜天说，倒还砸患带者？阿作听得懂，这是地道的杭州话，意思是说，砸到你难道还不好吗？这话明显是一种诡辩的无赖。阿作看到对方快步走开了。这样的，两人晃晃悠悠过了河，来到了都亭桥下。姜天说，你只管吃。进得味芳楼，当门是一口大铁锅里正熬着骨头汤，香飘四溢。荤粥就是用肉骨头汤煮的粥，外加好酱油和虾皮紫菜，口味绝鲜，只卖八文钱一碗。姜天和阿作每人要一碗，坐在当厅显著的位置。吃到一半时，姜天突然正色问道，这里边你们下了什么没有？伙计一听这话不对，愕然之后马上赔了笑脸走过来。姜天又慢慢笑说道，我想起你们的本行来，生怕这里弄点花样。伙计立即哈下了腰，保证这肉汤是绝对猪骨头熬制的。姜天"吟吟哦哦"着，吃完了粥，碗一推，一文未付，扬长而去，伙计跟在后头，赔着笑脸，一直送到大门外。阿作更是从心眼里敬佩他了。

吃荤粥

潘姨太真的病了。

宋妈喊了三次，潘姨太都没有应声。宋妈上楼来，服侍她穿戴好。宋妈感觉潘姨太的身体软软的，像水草里的一条蚂蟥，成了软体动物。宋妈怀疑她冒了风寒，试试她的额头，也并不热。潘姨太人是起床了，精神仿佛留在梦里，宋妈把早饭端上来，也是一口没吃，只喝一碗冰糖水，吃了两块条酥，然后又睡了，一上午都在睡，午饭也没吃。就要赶去听戏了，没有饭撑肚子，是熬不住一个下午的。宋妈问她还去听戏么？潘姨太病恹恹地说，你们去吧，台都租了，不听，浪费了，也白了姜天一片好意，唉——我是去不成了。

潘姨太说的你们，自然是阮元甫、宋妈和阿作了。

临走时，宋妈说，太太你好好养着，明天就好了，这戏还要唱两天哩。

路上，趁阿作不注意，宋妈跟阮元甫说，姜天做了流氓啊。

流氓？他差多了，阮元甫天天泡茶社听曲，见过世面，说，他在学做流氓，而且是学做小流氓。

再说宋妈他们出门之后，潘姨太的病立即好了，她对着梳妆镜，草草地搽了点胭脂，涂了口红，又在手指甲上染了蔻丹，换了一身新做的裙衫，跑下楼来。

楼下的堂屋空空荡荡，后披间厨房门口，有宋妈剥了一半的毛豆米，阮元甫的半壶茶还没凉透，但该来的人还没来。潘姨太的心里头仿佛空热了一场。

潘姨太倚门而立，望着虚掩着的大门，淡妆浅彩的脸上显露出些许的忧郁和悲伤，少顷，她轻骂道，死人，死人，死人。她怨恨地一连骂了几声，便轻移几步，出堂屋门，走过狭长的院子，把木板大门关上了。死人，别想进来！她又骂道。按说少爷男仆女佣都去听戏，要到天傍晚才回，应该把大门上了闩才好，但她只把门关了，还留了一指宽的缝。潘姨太想想不妥，又把门合上了。可她刚合上的门被一股劲风弹了开来，随风闪身进来一个高大的男人。潘姨太惊喜地叫道，天啊……

姜天呼呼喘着粗气，一把掐过潘姨太。

潘姨太惊着，喉咙里发出尖细的哼唧声，死人……

姜天说，我看到他们听戏走了……我要吃你荤粥……

在潘姨太示意下，姜天难度很大地腾出一只手，闩上了板门。

潘姨太一边甩着腿，一边"咯咯"笑着，让姜天扛上楼梯了，老旧的木质楼梯在姜天沉重的脚步下摇摇欲坠。

多少天后，姜天还记得那天他把浪笑的潘姨太扔到床上之后，床像一枚巨大的弹簧，把她又弹了起来。潘姨太泪流满面地盯着姜天，小声道，相公子……

后院

从披间厨房的侧门出去，就是后院。

叫后院，实在有些冤屈它了，在北墙上明明有一块刻石，上书娱园二字。那么，娱园应该是它正统的名字了。或许是人事更迭，或许是岁月沧桑，许多美景良宵早已被无情的时间雕刻得斑痕累累。没人记得当年的娱园了，它不过变成了一所普通人家的后院而已。后院宽三丈许，基本上是房基的宽度，深也三丈许，靠西墙是一处荒废的墙基，残砖断瓦散乱地堆在墙角——这里原先应该是一所建筑吧，至少应该和娱园的美名相匹配。北墙根有一棵皂荚树，粗壮高大，已经有些年头了。靠东墙有一株茶花，还有一株月桂，月桂到现在还有花开。在月桂和茶花之间是一口水井，上面盖着小磨盘一样的石盖，中间有一个眼，能望见井里的水。最显眼的是那棵罗汉松，长相古怪得很。阿作常常在罗汉松下撒尿。罗汉松下埋有两只阴缸，直径足有二尺许，深深地埋进土里，缸沿离地只有两三寸高。缸里不知经历几年的青黑色的水里，积存着腐烂的树叶，怕是有大半缸也不止吧。树叶底下埋藏着什么，这缸到底有多深，都是阿作十分好奇并想探个究竟的。

因为姜天常来后院和阿作说话，所以阿作对小院也越来越迷恋了。姜天喜欢坐在井盖上，讲他过去的朋友和经历。他过去的朋友都是英雄，除了八仙外，他还列数了关云长、秦叔宝、程咬金这些唱书里的名字。阿作明明知道他是胡说八道，也宁愿他讲的都是真话，因为阿作切切实实领教过他在街面上的威风了。姜天还领着他在后园里到处探索，比如在茶花和月桂后面的东墙上，发现有五块镶在墙上的碑石，碑石上刻满了字，阿作只认得一块，是《玉烟堂帖》。顺着这个思路，一个大字不识的姜天，居然断定这户人家的住房是从前豪门大户的偏厢，说不定所有房屋都有名堂。果然，阿作他们居住的两层两间的楼房叫微云楼，青砖的匾牌就在门上方,由于多年风浸雨蚀,字迹有些陈旧和漫漶,加上被白灰刷过,不注意还真的看不清。再看那空关挂锁的西厢房,名字更好听,留鹤庵。

留鹤庵。姜天仰望着被灰尘几乎抹平的字迹,跟着阿作念一声,说,这里住过仙鹤吗?倒是新鲜了。说罢便伸手推那门。门"吱呀"开了一条缝,姜天趴在半尺宽的门缝上向里张望。姜天张望一阵,突然说,好。

看到什么啦?阿作问。

没有仙鹤,骗人的,什么也没有,你看吧。

阿作也趴上去。透过门缝漏进去的微光,阿作看到铺地的是落满灰尘的黑石方砖,正对门靠墙放着一只案几,案几上有一尊香炉,上方墙上是一幅中堂。侧过去,南首是一张木架大床,北首一张书桌和一个书架,书桌和书架虽是空的,也能依稀看出,这所房子应是原先主人的卧房兼书屋。这就是留鹤庵了。阿作想。

关上门时,姜天对那把生了绿锈的大铜锁似乎很感兴趣,一手抓住铜锁,把门关上又推开,推开又关上。

九月上旬的一天,秋风渐起,树叶落满后院,阿作在楼上读书累了,跑到院子里撒泡尿,完事后没有急于回去,而是到月桂和茶花树后去看那些碑石。碑石上的字真漂亮啊,阿作伸手在上面抚摸,用手指当笔,一划一划地描写,一块一块地描过去,觉得那些字就是自己书写的。阿作描字的时候,去集市买菜的宋妈回来了,一阵杂乱无章的声音过后,阿作听到剪螺蛳的声音。要吃螺蛳了。宋妈炒螺蛳的手艺极好。阿作只是生了这个念头,心思依旧停留在描摹上。又过一会儿，姜天来了，正和宋妈小声说话。阿作只听到姜天问，阿作呢？宋妈说，在楼上用功了。后边的话就听不清了。阿作想吓吓他们，悄悄猫过去，突然跳将出来，定能吓他们一跳。阿作沿墙根，绕过那棵罗汉松，从后门探进了脑袋。阿作看到了一幕可怕的交易，姜天从怀里掏出一摞银元——足有二十块吧——递到宋妈手上，又摸出一副白玉手镯给了宋妈。阿作从宋妈身后，都能看到她笑开花的脸。阿作意识到他看到了不该看的东西，赶快缩回脑袋，蹑手蹑脚地走回月桂树后，继续欣赏那些碑石，却已经无心欣赏了。

阿作。姜天的声音。

后院的阿作没有应他。

二少爷。宋妈也喊一声。

阿作应道，我在这呢。

姜天咚咚走到后院，你小子在这里？偷看了什么吧？

姜天的话一语双关。

阿作这些天跟他屁股后头混，也懂得一些小流氓的招数，决不会上他的套的，说，我在认这些碑石的字，预备明天向祖父请教。

宋妈也跟着姜天进了后院，看阿作钻在月桂树后，说，当心有蜈蚣蝎子。

阿作从树后钻出来，说，有蜈蚣蝎子么？

怎么没有？以后别在这里钻了，咬一口会送命的。

阿作看到姜天手里拿一把奇怪的小刀。那是阿作的小刀，是从后院北墙缝里拔出来磨亮的。姜天让他出门时别带着。阿作听了姜天的话,小刀一直藏在书桌的抽屉里,可怎么会到姜天的手上?

我没看到蜈蚣,也没看到蝎子。阿作说,有了蜈蚣和蝎子,我捉了它来玩。

不可噢,不可噢,还是楼上读书妥当啊。宋妈说毕,又回去剪螺蛳了。

不知从什么时候开始,也就是听戏之后吧,一向勤劳精干的宋妈,很是流连于菜市,常常一去,半晌才回,接响的那顿六合糊,也是好久没吃了,因为宋妈没有时间做六合糊了,等她从早市回来,天已近午,连泡茶楼的阮元甫都快回来了。她得赶快煮饭。

阿作没有上楼读书,而是坐到废井上,听姜天摆老一套的龙门阵。

螺蛳在锅里翻炒出香味的时候,潘姨太回来了。潘姨太新近又和隔着唐氏居住的李太太成了朋友。这李太太认识是早就认识的,说是新交,不过是最近和她走得近些罢了,她们常在一起说话,谈谈新衣裳,谈谈茶叶和大米。李太太家境不坏,李先生在梅花坞给茶园当大伙计,自家在乡下也有几十亩水田,家里也用个女仆,所以平时有时间和潘姨太说笑,再加上原有的朋友唐氏,所以潘姨太常常一出门也是小半天不回。阿作在书桌上用功,潘姨太出门时会说,阿作我到李太太那边去了,或说,阿作,我在唐氏家说话。潘姨太从前出门,都不跟阿作打招呼的,也不跟宋妈打招呼。当然,宋妈最近常常不在楼下。

潘姨太打了个喷嚏,很响的一个喷嚏,听到后院有人说话,也闪身来了，见是阿作和姜天，眼神突然慌乱了一下。姜天呢，笑着，跟她举了举小刀。

仙鹤庵

阿作好久没见到三姑娘了。

阿作在巷子里见到姚老太太，也不好问她。姚老太太的大胖脸一直笑嘻嘻的，对阿作总是要多端详几眼。

我找姜天。阿作说。

收账去了。姚老太太的口气颇为自豪，从她的笑脸上看，她对这个大侄子十二分满意。

姜天好多次出去收账了，开始还带着阿作玩几回，听戏之后，姜天就不带他了。

阿作在巷子里转一会儿，看到唐氏家的儿子七斤从自家院子里跑出来，手里拿一枝小树棍，对着阿作劈杀，嘴里还不迭连声地说，杀死你杀死你。这孩子也就五六岁吧，说是七斤，一看就发育不良，稀瘦枯黄，成天拖着鼻涕，见到阿作就要欺负，不是拿着钉要钉死阿作，就是把小棍当刀要把阿作劈杀了。连唐氏都奇怪，七斤不碰不惹潘姨太，却偏要跟阿作过不去，难道小小孩子总想欺负大小孩？唐氏追出来，把七斤拉了回去，吓唬他说，你再闹，把你卖给姜天抵债了。正在摆弄一副绣花纸样的潘姨太听了，说了句刻薄话，声音颇大，什么呀，就你家七斤，怕也值不了几个钱的。

阿作觉得潘姨太说得极是，心里消恨了不少。

阿作已经玩一会了，怕玩久了，传到祖父耳朵里，挨他训斥，便回院子，准备上楼作一篇策文。祖父近来对他的功课似乎格外严厉了，前次去府狱，祖父问他读什么书，阿作说了几篇文章之后，又说在读《玉烟堂帖》。祖父一听，眼睛亮了，这可是稀罕东西，问他从哪里得到的。他说在娱园的东墙壁上。祖父疑惑了。于是，阿作就把如何发现娱园，还有微云楼、仙鹤庵等等说了一遍，自然提到了姜天。阿作没敢把姜天的流氓做派告诉祖父，猜想祖父这样的老夫子，一定排斥姜天之流的，可言语中不免流露了一点。祖父敏感多疑，问姜天是谁，怎么一回事。阿作说是东隔壁姚老太太亲戚，代他母亲收高利贷来的，就住在姚老太太家，常来家里来串门，跟我们都熟的。祖父便不再作声，沉吟一会儿，又关照他要认真读书，认真作策，认真写诗，预备明年县考。

阿作不想作策，也不想读书，他手扶墙壁走了。这是他走路的习惯，从西房那排长窗前走过，看到细格窗棂里面的窗户纸，有被虫蛀的痕迹。阿作的手，从楠木窗棂上划过，一直划到仙鹤庵的门板上。阿作在门板上写了一行字，杀死七斤。阿作觉得光写字还不作数，又画一个小孩子，一把刀架在小孩子的脖子上。阿作当然只是用手指在门板上画了，也想过要拿来毛笔画，不过那样就成一桩罪证了。毕竟七斤还是小孩子，犯不着跟他一般见识。但是，阿作发现门上挂着的铜锁变了。原先的铜锁生着深绿的铜锈，现在似乎亮了一些，变化虽是细微，阿作还是感受到了。而且，铜锁锁眼那儿，还有新划的印痕，一看就是锐器留下的。阿作伸手小心翻过了铜锁，才发现铜锁的两面不一样，他常常见到的那面，生着深绿的铜锈，翻到里面了。怪不得，阿作想，可是，谁翻的呢？阿作手扶板门，轻推一下。那条缝显出来了。阿作再次把脸贴上去，他看到的，依旧是对门放着的条几，依旧是一桌一橱两件老式的家具，靠南墙，依旧放是那张木架大床……但是，阿作这一看，倒抽一口冷气，心提到了嗓子眼。他看到什么啦？他看到一双脚，床上躺着一双脚。他一下想起《斩鬼传》里的停尸鬼，阿作是不怕鬼的，鬼和人一样，也有好鬼和坏鬼。可这间多年空关的老屋，床上突然躺着一双大脚，阿作还是被吓得七魂出了窍，猛不丁地退回了一步。

天还是亮堂堂的天，太阳水银一样明晃晃地铺满院子。鬼是怕光的，《斩鬼传》里的大鬼小鬼一个个都怕光，一到白天都住在酆都城不敢出来，怕被人捉了去剥皮填草。阿作想像姜天那样，做一回英雄，胆子大了起来，想再看个究竟，捉个把鬼玩玩也不是不可。

阿作正要凑前一步，门缝上突然多了半张人脸，一只眼睛半个鼻子。阿作失声惊叫起来，作势要跑，那腿却不听使唤，怎么也抬不起来。门缝里的鬼哈哈大笑，阿作啊你把我当鬼了吧哈哈哈……

阿作听出来了，这是姜天的声音。

原来是姜天。阿作长吁一口气，他几乎带着哭腔说，你吓死我……

姜天从门缝里伸出一只手，手里捏着那把明晃晃的小刀，在锁眼里一捅，开了。

姜天和阿作一起站到院子里。阳光照在姜天的脸上，他的脸色有些暗,像是刚刚睡醒。姜天伸个懒腰,说,阿作,你不能进屋里一步,你知道这是什么屋?

仙鹤庵。

对,我在仙鹤庵里修炼,太上老君派我来的,知道什么是仙鹤?就是我,要不了多久,我就成仙啦。阿作,你狗日的再写文章,要把八仙改成九仙了。

姜天关好仙鹤庵的门,把阿作拉到后院里,说,阿作,你可不能对别人说我在仙鹤庵修炼,我需要修炼七七四十九年——天上一天地上一年,要是被凡人说破了,就炼不成了。

阿作内疚地说,我打搅你了么?

我不怪你,只要以后别再推仙鹤庵的门就行了。

阿作点点头。

也不能对别人说,否则,我就成不了仙了。

阿作又点点头。

你起誓。

我起誓。

好,等我成仙之后,我也带你去做神仙。

三姑娘

三姑娘拉住阿作的衣袖,不让他再掏阴缸里的杂物。

阿作这几天,一直想看看罗汉松下这两只阴缸里,究竟藏着什么东西。阿作还预先做了准备,一根大拇指粗的小树棍,一只破水瓢,是姚老太太扔了不要的,还有一把小铲子,是从宋妈的锅门口找到的。阿作先用小树棍在阴缸里戳戳，阴缸里的黑水便冒起了气泡，气泡翻上来一股熏鼻子的臭气。阿作又用力搅拌搅拌，臭气更是弥漫上来。阿作拧住鼻子，躲到一边去喘气。

三姑娘就是这时候跑来的。

三姑娘看阿作在干这么个愚蠢的事，立即就制止他，这么臭啊，你搅它做什么啊。

阿作看三姑娘来了，自然是高兴。但掏阴缸是他计划好的事，何况，要是能掏出毒蛇或蜈蚣来，还能在三姑娘面前显摆显摆，便不听她的劝，拿了铲子和瓢，继续掏那些脏东西。

三姑娘看他一点不识劝，跑上去就拉阿作的胳膊。

阿作说我不要听你的。

三姑娘说臭死了，会染病的。

阿作想要挣脱三姑娘的手，可一用力，三姑娘轻如羽毛的身子，就趴到阿作怀里了。阿作差点被她压倒，同时也感到三姑娘身子很柔软。三姑娘立即松了手，红透了脸，退一步，说，我不理你了。

阿作不愿意看三姑娘生气。但她若真生气了，阿作也奈何不了，只好听任由之，照样去掏那阴缸玩。

阿作现在还没学会讨女孩子欢喜，更不会哄她笑，只是不言语，一瓢一瓢把阴缸里的黑水舀出来，泼在罗汉松的树根下。看是半缸的水，一会儿就干了，缸里剩下的就是陈年腐烂的树叶和瓦砾了。阿作用小铲挖几铲出来，除了臭味，实在是没有什么东西，连想象中的毒蛇、蜈蚣、蝎子也没有出现，甚至就没有活的生物。阿作不免有些失望，再挖下去就失去了兴致和动力。关键是,他挖出来的那些臭树叶,很快引来许多只苍蝇,嗡嗡地在后院里乱飞。阿作拿铲子敲着缸沿,看一眼三姑娘,三姑娘也正看他。三姑娘狠狠白了他一眼,挖呀,不听话,还敢撞我……我给你撞疼了。

阿作觉得冤枉了,明明是你撞的我……

瞎说!

阿作心想,争不过她,败了。阿作又想,败给一个女孩,要是让姜天知道,可是丢面子的。好在姜天不知道,他不晓得干什么去了,收债去了,也许是修炼了。看来,跟他学的小流氓那一套,还没有修业,到了三姑娘这里,全用不上。

阿作扔了铲子,失望地说,没有毒蛇,也没有毒蝎子,这破缸里什么都没有。

三姑娘笑了,说,就你傻么。

姚老太太不知在和谁生气,声音很响地骂街。大家听惯了姚老太太的骂街,早已见怪不怪,让她骂好了。三姑娘也没觉得这是什么丢面子的事,听几声,就跟阿作道,听说了么,乡下好多地方闹霍乱。

没有啊,你别吓唬我,这阴缸里不脏。

还不脏,都要臭死人了。

阿作已经认可了三姑娘的话。但他拐个大弯子,说,你干妈嗓门真大。

不许你说干妈坏话。

我不说。阿作突然想起潘姨太经常骂姚老太太的话,什么是长毛嫂嫂呢?大约不是什么好话,阿作一直没弄明白,也时常让阿作纠结,那么,三姑娘一定晓得了。阿作说,问你一个事。

说呗,要是不好听,我掌你嘴。

阿作一吓,不敢说了,他估计这话不是好听话。

说啊,怕掌嘴了是啵?

什么是长毛嫂嫂啊?

三姑娘一听,脸腾就红了。

阿作也没想到,这个问题会让三姑娘红脸。三姑娘想了想,说,告诉你,不许你对别人说,长毛嫂嫂,就是做那个……营生的。

阿作想想,摇摇头。

笨!不理你。

阿作还在想。

不知道就罢了。阿作,我要你写字给我看,教我写字啊?

这是阿作乐意做的。阿作跳起来,说,我还要教你画画。

阿作到厨房洗手。

三姑娘已经上了楼。

三姑娘朝潘姨太房间看一眼。那门关上了。三姑娘轻轻叫道,太太。没人应,三姑娘满心欢喜地坐到阿作的椅子上。

阿作也上来了。三姑娘说,让我先坐坐你的宝座。三姑娘身体往椅子里一躺,拿一本书,翻开几页,卷在手里,做读书的样子。三姑娘说,像么?

阿作说像。

三姑娘又在他篓子里拿出一本小册子,就是阿作用荆川纸订的那本小册子。

阿作一把用手按住了，说，不许看。

三姑娘连手带书都被他按在桌子上。三姑娘脸红了，抽抽手，说，你把我手按疼了。

阿作说，反正不许你看。

三姑娘就拿另一只手去推阿作的手。他们四只手就在桌子上推来推去，又要保护小册子不被揉坏，都是试着用力。三姑娘的脸一直红红的，阿作浑然不觉，直到他看到三姑娘羞赧的眼睛，才觉得三姑娘的手好柔好软，是他从未感觉过的柔和软，和他碰过的所有东西都不一样。阿作脸上也火突突起来，赶快拿开了手。

我不要看了。三姑娘生气了。

阿作着了慌，你看么。

偏要不看！

你看么。

三姑娘笑了。三姑娘翻开小册子，第一张是一棵草，还有一棵树和一只飞鸟，飞鸟从树上飞过，树下有一个小人，留小辫子，穿肥大的长褂，小人旁边题了字，三姑娘不认识那字，问阿作，这是什么字？

阿作不敢说是阿三，他嗫嚅着，说不是什么字。

其实，三姑娘已经知道这是画的她，便有些甜甜地说，我知道。三姑娘又往下翻，就看到那张姚老太太拎着一串东西卖的画了，幸而没有题识，三姑娘继续往下翻看。

看完画册，阿作就教三姑娘画画了。

这半天，阿作和三姑娘说了好多话，也做了不少事，还一起偷吃了一块米团。

可能又是庄立春进城的缘由吧，三姑娘第二天就回秀浦乡下了。

天气一天比一天凉爽，后院的落叶越积越厚了。

转眼就过了十月半。按说，三姑娘该来府城了，可一直不见三姑娘的身影，连庄立春都好久没了消息。传说乡下闹了拳匪，还有毛人水怪挖小孩的眼睛。

阿作心里怅怅的，也担心起来。再有三个月，他就要回绍兴参加县考了。随着县考的日益临近，祖父对他也越来越严厉了，而且脾气也越见恶劣，有时近乎责骂了。阿作心里更加惦记三姑娘，盼着能见到她，跟她一起玩，听她笑，看她生气，跟她抢小册子，一起偷吃米饭团。这样的心情，就像夜晚一样，每天都要来，但每天都让他失望。

然而，阿作永远见不到三姑娘了。

冬至那天，庄立春终于出现在花牌楼周家的客厅，他告诉宋妈，杨家三丫头死了，是霍乱。又说，乡下死了很多人，拳匪也很凶。

阿作在一旁听了，心生悲伤。这是他头一回切实地体味到悲伤，那种感觉很不好受，想哭，身子发紧，发瘫，还是没有哭出来。但是，他心里一块石头落了地，也许从此可以不再惦记三姑娘了。

腿筋

不幸的事情接连的发生，就在听到三姑娘死讯的第二天，灾难又降临到阿作另一个好朋友身上，姜天的腿筋被挑了。

姜天的两条吊腿筋，被强盗砍断抽掉了。据说，下手的人是故意要他残废的，因为一般断了腿筋，只要肯花银子，还可以接上，还可站立行走。如果是仇家所为，那就是每条腿上要分段连砍两刀，上一刀下一刀，把吊腿筋抽走半尺，任你花多少银子也接不上了。

传话来的，当然是姚老太太了，她流着泪告诉唐氏。唐氏听了，心里抽一口冷气，心想，这凶手也太残忍了，怎么下得了手啊，还不如一刀结果了省事。同时又想，好了，从此没有人到她家逼债来了。可她又一想，不对啊，他来催债，只是说一声我母亲让我收账来了，仿佛打个招呼，然后转身走了，要是换成他母亲，那个走婆，不知要使什么手段了。如此一想，唐氏不免同情起姜天来。

唐氏抱着七斤，磕磕绊绊跑到潘姨太跟前，哭声说，不得了不得了……

潘姨太正和宋妈往腌菜缸里放雪菜，见慌张跑来的唐氏，问，怎么啦？

姜天，腿筋……叫人挑了……

唐氏又详细说了一遍，还添油加醋一番，说姜天的两根吊腿筋，被抽走了一尺长。

潘姨太一听，大惊失色，脸都灰了，她张张嘴，要说什么，终究只是动了下唇，身子立即软下来。

唐氏以为潘姨太心软，又说，是哩，我一听，也麻了心，下手太重了，姜天，多好的人，想想，我还欠他母亲的钱呢。

潘姨太很快就清醒了。她呆坐一会儿，没说话，强撑着上楼了。

宋妈手里的腌菜忘了放到坛子里，一屁股坐到庄立春新编的蒲团上，半天才问唐氏，真的？

唐氏说，假不了，姚老太太亲口说的，她已经出门往诊所去了，就在城南。

宋妈脸色灰灰的。

阿作这阵子正在府狱里听祖父给他讲《论语》。等阿作知道这个事情，已经是几天以后了，是男仆阮元甫说的。阿作不信，姜天是多么有能耐的人啊，他敢把书屋里的撒尿签撅折了，他能让台主让出戏台子，他能吃荤粥不给钱，他，他就要成仙了。但是，宋妈说这是真的。还说好日子过到头了。阿作又去问潘姨太。潘姨太脸色凄凉又忧心如焚，她两眼望着窗外，仿若做梦一样，和宋妈说同样的话，好日子到头了，大家的好日子都到头了。

阿作是在腊八的前十天，离开杭州府城，赶往绍兴老家的。临走之前，他已经感觉到家里的气氛不正常了，每个人似乎都揣着心事，每个人又不愿意多说什么，即便是他偶尔看到潘姨太和宋妈说话，也是交头接耳鬼鬼祟祟。潘姨太也不再去找唐氏说话了，也听不到她唱曲的声音了，她整天躲在房里，蒙头大睡，或发呆。倒是宋妈，常上楼安慰潘姨太几句，临了，说，天塌不了。

宋妈还常常趁阮元甫不注意时，啐他一口，跟着也来一句，天塌不了。

阮元甫呢，照例干他自己的事，每天往府狱跑几趟，除了夜里睡在自己的床上，整个白天都在茶馆里泡着。

送阿作回绍兴的，就是阮元甫。老家又新派一个叫阿桑的男仆来服侍祖父了。阿作临走前回望一眼这所普通的老屋，和这条叫花牌楼的小巷，不觉生发一番感慨，在府城这大半年里，前一半都是快乐的。到后来，由于祖父对他突然严厉起来，又加上失去了玩伴和朋友，感到很辛苦，听说要回绍兴应考，他是十二分的快乐啊。

阿作的书箱和铺盖，让阮元甫挑着，自己只在肩上背一个蓝布包袱，包袱里，有一本用荆川纸订的小册子，小册子是他的一本绘图集，里面有好多张画，比如三姑娘，比如姜天修炼图，他要把花牌楼的记忆也带走。

阿作跟在阮元甫的身后，他看到自己的身影被冬日的阳光拖拽着，是长长的稀薄的一条，影影绰绰几乎不像人形了。就在他走到棺材铺那儿准备南拐的时候，不远处，看到地上走来一个人，他屁股底下垫着一个蒲团，捆吊在肩膀上，用两只手走路。阿作觉得他走路的姿势很怪，看一眼就闪到一边，准备让他走过去。

这个人走到他跟前了，突然小声说，阿作。

阿作一惊，看到地上的人正扬着脸看他，眼里是一团的欣喜。

我是姜天啊。

真的是姜天！阿作再次一惊，不知道跟他说什么好。

阮元甫拉下阿作的衣袖。阿作跟跄了一步，只好跟着他拐弯了，阿作就是回转身，也看不到姜天了。但是阿作听到姜天的声音浑厚地传来，我到唐氏家收账去……

阿作立在船头，让冷风吹着脸。前边就是秀浦了。

阮元甫让他进仓，怕他吹了风寒。

阿作想起死了的阿三，说，风寒又怎样。

杀人

阿作没有考中秀才。这是绍兴最后一次科考，以后都要上新式学堂了。

来年春天，阿作应一个亲戚之约，准备到南京投考铁路学校。

和去年相比，阿作长了个子，看背影，已经像个男人了。阿作在上南京之前，偶尔看到了从杭州传来的两封文书。这两封文书让阿作思索良久，感慨颇多——

> 妾潘氏，顷因汝嫌吾家清苦，情愿投靠亲戚，并非虚言，嗣后远离家乡，听汝自便，决不根究，汝可放心，即以此谕作凭可也。

光绪二十四年十二月初八，周谕。

立笔据妾潘氏，顷因情愿外出自度，无论景况如何，终身不入周家之门，决无异言，此据。

光绪二十四年十二月初八，立笔据妾潘氏，代笔周芹侯押。

阿作和一年前相比，事情懂得很多了。这两封文书，又勾起了他在花牌楼生活的那段难忘的时光，他又想起姚老太太的干女儿三姑娘，想起和三姑娘在一起的点点滴滴。奇怪的是，阿作想不起三姑娘的模样了。任阿作使劲地想啊，想啊，三姑娘的样子就是现不出来。

陪他一起出行的，是阮元甫。因为去南京之前，阿作要去杭州府狱里看望祖父。于是，他们租了一条快船。所谓快船，就是沿途不再带客而已，其实也很慢。

船过洞家泾时，岸边突然闹哄哄地热闹起来。阮元甫看一会儿，说，杀人的。

阿作一听杀人，扔了书，从仓里跳出来。

阿作看到，船右岸，迎面走来一队人马，前边是被捆绑的犯人，衣领里插着高高的死牌。还有一个犯人，用架子抬着。那架子像登山的滑竿，死犯被捆在架子上。

在队伍的后边，跟着看热闹的大人小孩子。阿作没见过杀人，让船家停船，要下去看景。船家不敢停，朝阮元甫看。阿作已经不是一年前的阿作了，他声色俱厉地说，看什么？我让停就停。

阮元甫也识趣，说，靠岸，听少爷的。

阿作等在河边，看人马从身边经过。阿作数了数，要杀十二个人，正好一打，还有一个女犯。那高高的杀人签上，都写着"拳匪"二字。阿作没有看清坐在架子上被兵卒抬着的犯人，他脏乱的长发，把脸遮住了。

刑场不远，阿作看时，行刑队伍没走几步就停下了。

阿作本来不想去看砍头的，因为行刑就在岸边的树丛里，便也跑去看热闹。毕竟这么大了，还没看过砍头是什么样子。

阿作站在人群的后边，看兵卒一个一个把犯人安排下跪，那个架子上的犯人，被两个狱卒抬着，扔到跪成一排的犯人中间。阿作想看看那个人的脸，可他被扔下后，人歪着，头插在土里，看不清。

阿作又去看那个女犯。

这时候，阿作的衣袖被人轻轻拽了一下。

阿作侧身一看，又惊又喜——杨家三姑娘。

阿三……你没死呀？

……阿作……你怎么在这里？三姑娘话没说完，眼泪就下来了。

阿作看三姑娘，不认识一样。三姑娘也确实变了，变得没有以前干净了，不像个女人了。

你是谁？一个男人站到阿作面前。

阿作看这个男人，他身材高大，却围一个围嘴，围嘴上粘着饭汁和菜叶，还有口水和鼻涕。一看就是个傻子。

看啥呢？谁说我媳妇死啦？我媳妇没死，我媳妇是我从乱坑捡的，我娘卖了茶馆，才养好我媳妇。媳妇，走，咱不看杀人了,咱回家。

傻子蹲下来,对三姑娘说,上马。

三姑娘泪流满面地看着阿作,又看一眼河里的航船,骑到"马"的脖子里了。

傻子直起腰,一路跑着,笑着,喊着,哦,回家喽,回家喽……骑马回家喽……

阿作眼睛也模糊了。

2009 年 10 月 6 日初稿

(作品发表于 2013 年第 9 期《文学港》)

代后记

西三条 21 号的阳光

受新冠疫情的影响,我今年清明小长假没有回家。假期第一天,恰是农历三月三日,是中国传统的上巳节。"三月三日天气新,长安水边多丽人。"我没有去长安水边看丽人,却跑到了北京西城西三条 21 号的鲁迅旧居。

今天的阳光特别好,空气也清澈澄明,比较难得。鲁迅博物馆的院子里,更是被阳光注满,大院子里各类建筑的台阶上,会坐着参观走累而小憩的人,他们都穿着轻薄而好看的春装,一边晒着太阳,一边看书或吃零食。鲁迅雕像前,有人敬献了花束,也有人在雕像前合影。藤野先生的坐像前,也有人在凭吊。我在大院参观了宏大的新式建筑后,便习惯性地走进了西三条 21 号的小院。

这是一所颇有设计感的紧凑的小院。

小院的前院,有两棵枝干苍劲的花树,都是鲁迅手植的,树上挂着小牌,写着"鲁迅手植白丁香(一九二五年四月五日)"。此时的白丁香经过近百年的成长，枝干伸拓扩展，已经占据了小院很大的空间，行人经过，都得躲着点。春天的阳光和春风，已经让白丁香抽出了满枝嫩绿的叶芽。鲁迅在1925年4月5日日记中记曰："云松阁来种树，计紫、白丁香各二，碧桃一，花椒、刺梅、榆梅各二，青杨三。"如今的院子里，前院只有两株白丁香了，后院也只有黄刺梅两丛。至于鲁迅在《野草》开篇写到的两株枣树，现在也只有在通往后院的备弄里剩下了一株，粗壮而扭曲的树干，留下了太多岁月的痕迹，不太发达的树冠上，枝条还没有抽芽。而后院的两株黄刺梅也颇有意思，一株枝条穿插凌乱、巨大如伞，而另一株却被它遮在树盖以下，只有几根很瘦弱的枝条向一旁歪斜着，用黑砖围圈着两株黄刺梅的直径也一大一小。后院那口水井还在，用白色的栅栏围挡，井口上盖着圈石，大约不是原物（或没有原物），因为井眼太小，决不可以打水的。后院里也是一地阳光，有不少游客对着黄刺梅拍照，也有在黄刺梅前合影的。几个年轻人，趴在鲁迅居室兼工作室的"老虎尾巴"的后窗上朝里张望并拍照。

关于西三条21号的小院，陈列室里有明确记载。如果更详细一点地讲，可以从鲁迅和周作人失和后说起。1923年8月2日，鲁迅和朱安一起，先搬到了砖塔胡同61号居住，到了这年的10月1日，鲁迅决定自己购屋居住，并把母亲接到一起。从这年的10月1日开始，鲁迅日记里记载了多次看房的经历，最后看中了阜成门内西三条胡同21号。从交定金，到接收房屋，到改造房屋，直到1924年5月25日完全改造正式搬过来，历时九个多月。原住房的结构不是我们现在看到的样子，是老旧的独门小院,共有旧房六间。据张能耿在《鲁迅亲友寻访录》里所采访的鲁迅表兄阮和孙所讲:"……西面的两间很狭,做厨房。东面两间较宽,可以住住人。鲁迅把后边园子里的三间拆到前面,成了东西南北房。"所以,我们现在看到的,是经过鲁迅改造的小巧而整齐的三开间四合院,正房三间坐北朝南,南房三间做藏书室,东西厢房各两间。在正房当间后,接出不大的一间作为自己的卧室兼工作室,俗称"老虎尾巴"。而让整个建筑形成层次感的,是西侧的一条备弄,有侧门通往后院,隔着大枣树和厨房的,是一个小天井,有侧门通往前院,小天井里有一个杂物间,和南房连成一体。

从砖塔胡同搬来,到 1926 年 8 月 26 日南下,鲁迅在这里居住了两年零三个月又两天,写作了大量的文学作品,比如《野草》里所收的 23 篇文章,写作时间是在 1924 年 9 月至 1926 年 4 月之间,陆续发表于同一时期的《语丝》周刊上,除后两篇外,其余各篇,均是在"老虎尾巴"里写成的。这一时期的鲁迅,生活和心情都很复杂,推想起来,可能是《新青年》阵营的解体、兄弟失和、女师大思潮导致被章士钊免职并和章氏打了一场官司、和许广平恋爱而又不能结合等,导致他产生彷徨、挣扎、苦闷,又不愿意被打趴在地而奋力抗争的心态。几年以后,鲁迅在给萧军的信中还心有余悸地说:"我的那一本《野草》,技术并不算坏,但心情太颓唐了,因为那是我碰了许多钉子之后写出来的。"在《野草》英文译本的序里,鲁迅也说:因为那时遇到的事,"难于直说,所以有时措辞就很含糊了。"又举例道:"因为讽刺当时盛行的失恋诗,作《我的失恋》,因为憎恶社会上旁观者之多,作《复仇》第一篇,又因为惊异于青年之消沉,作《希望》。……《腊叶》,是为爱我者的想要保存我而作的。段祺瑞政府枪击徒手民众后,作《淡淡的血痕中》,其时我已避居别处;奉天派和直隶派军阀战争的时候,作《一觉》,此后我就不能住在北京了。"当然,在这本书编辑出版的前后,鲁迅已经心情大好了,他不仅在广州和许广平会合,还有一份不错的工作,所以在1927年4月26日广州的白云楼上写的《野草》"题辞"中说:"过去的生命已经死亡。我对于这死亡有大欢喜,因为我借此知道它曾经存活。死亡的生命已经腐朽。我对于这腐朽有大欢喜,因为我借此知道它还非空虚。"又大声喊道:"我将大笑,我将歌唱。"

在这间"老虎尾巴"里,鲁迅还编辑出版了好几本书,如《热风》《华盖集》等。《中国小说史略》也由北新书局出版,这本书是把北京大学新潮社于1923年12月和1924年6月出版的上、下两册合为一集,于1925年9月出版的。至于小说集《彷徨》,不仅集子里的部分小说,如《长明灯》《示众》《高老夫子》《孤独者》《伤逝》《兄弟》《离婚》等写于"老虎尾巴"里,另几篇也是在确定购买西三条21号之后,在砖塔胡同写的,比如《祝福》《在酒楼上》《幸福的家庭》等,至于出版时间,是在1926年8月。小说集出版后,有的读者读了新出的小说集,认为《伤逝》有作者自叙的成分。是不是这样呢?鲁迅是不承认的,他在1926年12月29日致韦素园的信中说:"我还听到一种传说,说《伤逝》是我自己的事,因为没有经验,是写不出这样的小说的。哈哈,做人真愈做愈难了。"不过周作人却不这么认为,他在写作《知堂回想录》时,认为"《伤逝》不是普通恋爱小说,乃是假借了男女的死亡来哀悼兄弟恩情的断绝的"。就是说,《伤逝》虽然不是写鲁迅自己的恋爱故事,却是有影射的。还有另一篇小说《兄弟》,也被认为情节与1917年周作人生病的经历颇为相似。《热风》出版于1925年11月,是鲁迅的第一本杂感集,在题记中,鲁迅回顾了自1918年在《新青年》杂志发表"随感录"的经历,对书名也做了释义:"我却觉得周围的空气太寒冽了,我自说我的话,所以反而称之曰《热风》。"另外杂感集《坟》和《华盖集续编》《朝花夕拾》里的部分文章,也写于"老虎尾巴"里,有不少文章都成为名篇。在"老虎尾巴"期间,鲁迅还于1926年8月出版了倾注其心血辑校的《小说旧闻钞》平装毛边本,该书是鲁迅在讲授中国小说史而编写《中国小说史略》时所辑录的小说史料,共39篇。鲁迅还于1924年9月21日将历年收藏的古砖拓本编辑成册,定名为《俟堂专文杂集》,"俟堂"为鲁迅笔名和斋号,取自《中庸》"君子居易以俟命"一语,"专"同"砖",并为之写了题记、题了题签,编定目录,共收录砖拓计汉魏六朝170件、隋2件、唐1件,分为五个部分。该书直到1960年3月,才由文物出版社出版发行。

除创作、辑校之外,鲁迅还翻译了大量的外国作品,比如1924年12月5日,鲁迅翻译了日本作家厨川白村的文艺论文《观照享乐的生活》,并写作了"译后附记";14日又译厨川白村的文艺论文《从灵向肉或从肉向灵》,同样写了"译后记"。后来这些文章合为一集,名为《出了象牙之塔》,列入未名社出版的"未名丛刊"之一,并出版了毛边本,封面是鲁迅欣赏的陶元庆所设计，封面上有一幅线条简洁的裸女倚树而立，表情惊恐、愕然，树干上有仿木刻的"未名丛刊"字样，装饰意味很浓。还有同样被列入"未名丛刊"的《苦闷的象征》同样翻译自厨川白村作品，于1924年12月初版（实为1925年3月），该书封面同样出自陶元庆之手。1925年1月4日，鲁迅翻译了匈牙利诗人裴多菲诗三首。鲁迅翻译的《小约翰》也是在"老虎尾巴"期间最终完成的，关于这本书，早在1906年，鲁迅还在日本留学时，在一本德文杂志上读到了《小约翰》的片段，他觉得好，非常喜欢，便托丸善书店从德国订购。二十年之后的1926年7月6日，正是鲁迅东躲西藏期间，在中山公园再次萌发了翻译的愿望，并和齐寿山一起于8月13日译完。此外，鲁迅翻译出版的日本评论家鹤见祐辅的杂文集《思想·山水·人物》中的大部分文章，也是1925年2月13日在东亚公司买到这本书后，于4月14日开始翻译，并陆续发表于《京报副刊》《民从周刊》《北新》《莽原》《语丝》等报刊的。从鲁迅翻译作品的数量看，是和创作一样齐头并进的。

除了文字上的成果，要说鲁迅在"老虎尾巴"时期最大的收获，应该算是和许广平加深了往来并互相有了情感认同。许广平第一次给鲁迅写信、诉说心中的苦闷、请求给她"一个真切的明白的引导"后，鲁迅于1925年3月11日给许广平回信。这也是鲁迅第一次给许广平写信，信中说："假使我真有指导青年的本领——无论指导得错不错——我决不藏匿起来，但可惜我连自己也没有指南针，到现在还是乱闯，倘若闯入深渊，自己有自己负责，领着别人又怎么好呢？我之怕上讲台讲空话者就为此。"

鲁迅还认为，最好的办法是像战士一样，"伏在壕中，有时吸烟，也唱歌，打纸牌，喝酒，也在壕内开美术展览会，但有时忽向敌人开他几枪。中国多暗箭，挺身而出的勇士容易丧命，这种战法是必要的罢。但恐怕也有时会逼到非短兵相接不可的，这时候，没有法子，就短兵相接"。自此以后，鲁迅和许广平的通信开始密集起来，细心的读者从《两地书》里可以看出来。那么，许广平是什么时候到鲁迅家的呢？是在鲁迅回复许广平第一封信之后的 1925 年 4 月 12 日，鲁迅在家里接待许广平、林卓凤来访。这是许广平第一次到北京宫门口西三条胡同 21 号探访鲁迅。4 月 16 日，许广平写信给鲁迅，抒发了她对鲁迅家的印象，信中说："'尊府'居然探检过了！归来后的印象，是觉得熄灭了通红的灯光，坐在那间一面满镶玻璃的室中时，是时而听雨声的淅沥，时而窥月光的清幽，当枣树发叶结实的时候，则领略它微风振枝，熟果坠地，还有鸡声喔喔，四时不绝。晨夕之间，时或负手在这小天地中徘徊俯仰，盖必大有一种趣味，其味如何，乃一一从缕缕的烟草烟中曲折的传入无穷的空际，升腾，分散……。是消灭！？是存在！？"许广平文字不错，"印象"很有诗意。她又说："《京报副刊》上前天有王铸君的一篇《鲁迅先生……》和《现代评论》前几期的那篇，我觉得读后还合意。我总喜欢听那在教室里所讲一类的话，虽则未必能有多少领略，体会，或者也许不免于'误解'，但总觉意味深长，有引人入胜之妙。在还未听惯的人们，固然容易错过，找不出头绪来，然而也不要紧，到那时自然会有善法来调和它，总比冗长好，学者非患不知，患不能法也。"信上还谈了学校风潮事。信末的署名也有意思，"小鬼许广平",既有些调皮撒娇,也契含着某种心有灵犀的暗示。此后,许广平就成了鲁迅家的常客,聊读书、聊写作,也聊学校的事,还有零食吃。有时候聊天聊晚了,便吃住在鲁迅家里。有一次,鲁迅还为留宿的许广平剪头发。翻看《鲁迅日记》和《两地书》,能看出鲁迅和许广平这一期间的默契。到了1926年8月26日,这种心灵的默契触发了最终的结果,两人一起南下了。那一天,鲁迅日记写道:"二十六,晴。……子佩来,钦文来,同为押行李至车站。三时至车站,淑卿、季市、有麟、仲芸、高歌、沸声、培良、璇卿、云章、晶清、评梅来送,秋芳亦来,四时二十五分发北京,广平同行。"经历了女师大风潮,鲁迅躲在木匠房、医院等处写了几篇《朝花夕拾》里的文章之后,终于接受了厦门大学的邀请,和许广平一起同行南下,先到天津住了一晚,于第二天乘特别快车从天津往浦口,29日途经上海,住在沪宁旅馆,当日又转至孟渊旅社。当晚许广平住到其族人家里。30日晚至消闲别墅用餐。同席有刘大白、朱自清、叶圣陶等上海文艺界人士,朱自清因到上海办事,也被邀请。此后,鲁迅去厦门,许广平去广州,二人作短暂的分别。

如前所述,也是住在西三条21号期间,鲁迅还打了一场官司。这要从北京女师大风潮说起。在风潮中,鲁迅是站在学生一边的,鲁迅第一次鲜明地表明态度,是在1925年5月10日写作的《忽然想到(七)》中,文章揭露了女师大校长杨荫榆的所作所为,表示支持女师大学生的斗争。12日,鲁迅出席女师大学生自治会的师生联席会议。会上报告了驱杨经过,同一天,鲁迅写作了《为北京女师大学生拟呈教育部文》,说明女师大风潮的真相，斥责杨荫榆"视学生如土芥，以大罚为儿戏"。18日致许广平信中，鲁迅说："群众不过如此，由来久矣，将来恐怕也不过如此。公理也和事之成败无关。但是，女师大的教员也太可怜了，只见暗中活动之鬼，而竟没有站出来说话的人。"他又说："听说学校当局有打电报给学生家属之类的举动，我以为这些手段太毒了。教员之类该有一番宣言，说明事件的真相，几个人也可以的。如果没有一个人肯负这一点责任（署名），那么，即使校长竟去，学籍也恢复了，也不如走罢。全校没有人了，还有什么可学？"同一天，鲁迅参加女师大学生会，对学生表示支持，当晚作《"碰壁"之后》，记述近期参与女师大斗争情况，表示对学生的同情。此后，鲁迅还在多种场合、文章中和致许广平的信中支持女师大的学生。此次风潮发酵到1925年8月14日，鲁迅被免除了教育部佥事职。这是教育部总长章士钊于8月12日呈请国务院免除鲁迅职务后获得的批复，《京报》还在15日刊登新闻，题目叫《周树人免职之里面》，新闻说："教育部佥事周树人，系浙江绍兴籍，现兼任北大及女师大教授，自女师大风潮发生，周颇为学生出力，章士钊甚为不满，故用迅雷不及掩耳手段，秘密呈请执政准予免职，闻周在浙系中甚负清望，马叙伦汤尔和蔡元培均系彼之老友，意气用事，徒资口实。闻周已预备控诉书，日内即可向平政院呈递云。"鲁迅并没有被免职之事吓住，还于15日下午，赴女师大校务委员会举行的招待会上，向社会各界揭发教育部迫害女师大的真相，讨论组织驱逐章士钊同盟。23日，鲁迅在致台静农的信中吐露了心声："这次章士钊的举动，我倒并不为奇，其实我也太不像官，本该早被免职的了。但这是就我自己一方面而言。至于就法律方面讲，自然非控诉不可，昨天已经在平政院投了诉状了。"到了1926年3月23日，平政院进行了裁决，裁决书中写道："树人充教育部佥事已十又四载，恪恭将事，故任职以来屡获奖叙。讵教育总长章士钊竟无故将树人呈请免职。查文官免职，系属惩戒处分之一。依《文官惩戒条例》第十八条之规定，须先交付惩戒，始能依法执行。乃竟滥用职权，擅自处分，无故将树人免职，显违《文官惩戒条例》第一条及《文官保障法草案》第二条之规定。此种违法处分，实难自甘缄默。"其实，早在两个月前的1926年1月16日，教育部就发布第七十六号令"周树人复职令"："被告呈请免职之处分系属违法，应予取消……兹派周树人暂署本部佥事，在秘书处办事，此令。"这场官司鲁迅虽然获胜，但他已无意再去教育部做事了。

鲁迅住在西三条21号期间，还有两件事也值得一说，一是"有人来袭"，二是"柱石评选"。"有人来袭"发生在1924年11月13日，那一天的鲁迅日记云："上午有一少年约二十余岁，操山东音，托名闯人索钱，似狂似犴，意似在侮辱恫吓，使我不敢作文，良久察觉其狂乃伪作，遂去，时约十时半。"随后，鲁迅写成一文，曰《记"杨树达"君的袭来》。杨树达是北京师范大学中文系主任，来袭者和其年龄不相仿，但却自称杨树达，还手持杨树达的一张名片。鲁迅怀疑该青年是受他人所利用、指使，便撰写文章揭露，文中痛斥道："我历来对于中国的情形，本来多已不舒服的了，但我还没有预料到学界或文界对于他的敌手竟至于用了疯子来做武器，而这疯子又是假的，而装这假疯子的又是青年的学生。"后来，鲁迅了解到事情的真相，即这个冒充杨树达的青年学生叫杨鄂生，确实有精神病。鲁迅那篇《记"杨树达"君的袭来》在当年的11月24日《语丝》周刊第二期发表后，收到他的学生，也是杨鄂生的朋友李遇安写的一篇文稿和一封信，告知了鲁迅真实的情况，杨鄂生在暑假里结婚，花了不少钱，经济上相当困难，于是得了精神病，下意识里想到他尊敬的鲁迅先生，便想去拜访，但又怕鲁迅不见他，便到国文所研究室，偷了主任杨树达的名片，到了鲁迅家。结果就成了鲁迅在《记"杨树达"君的袭来》里所描述的样子了。鲁迅知道真相后，很不安，接连写了两篇文章，即《关于杨君袭来事件的辩正（一）》和《关于杨君袭来事件的辩正（二）》，除说明情况外，还表达了对杨鄂生的同情，并流露出深深的自责，同时要求《语丝》周刊增版，把说明真相的文字都发表出来，但增版"不必增价，其责任即由我负担"，"由我造出来的酸酒，当然由我自己来喝干"。从这件事情可以看出鲁迅的真诚和勇于担当。第二件值得一说的"柱石评选"，起因是在1926年1月4日《京报副刊》第一期头版刊登孙伏园的"倡议书"，向读者征求"新中国柱石十人"的评选，在这次历时55天的评选中，共收到791人投票，鲁迅虽然没有入选前十，得票也靠前，不少人在投票时也把鲁迅列入了前十名。比如张申府在1926年2月10日《终于投一票》的文章中，就把鲁迅列为第四；朱岳峙在2月21日的投票中，把鲁迅列为第十，还评价鲁迅是"文学界的大元帅"。这是一次涉及党政军商等社会各界的评选，这次投票，说明鲁迅在社会上的地位已经很高了。

朱安自然也是住在西三条21号的。朱安是在鲁迅兄弟失和后，先跟随鲁迅一起搬出八道湾，住进了砖塔胡同61号。这所房子，原是俞英崖的房产，由俞的三个女儿等同住。当时，和她们同院的那家正好搬走。俞家大姐俞芬是绍兴人，在北京女子高等师范附中读书，与许羡苏既是同乡又是好友。就是这层关系，鲁迅得以暂住在这里。朱安在砖塔胡同61号时期，很自然地担当起了女主人的责任，对鲁迅的照顾也是很精心，俞芬的二妹俞芳回忆说："大师母每次烧粥前，先把米弄碎，烧成容易消化的粥糊，并托大姐到稻香村等有名的食品商店去买糟鸡、熟火腿、肉松等大先生平时喜欢吃的菜，给大先生下粥，使之开胃。"许羡苏也回忆说大师母的"绍兴菜做得很不差"。鲁迅来客，朱安也尽心招待，端茶倒水送点心。在砖塔胡同61号住了九个多月后，朱安又随鲁迅一起搬到了西三条21号，同样尽到女主人的责任。因为朱安总是抱着一丝幻想，只要好好服侍丈夫，孝敬婆婆，总有一天他会幡然醒悟，对她好起来。但是事实上，鲁迅只是同情她，供养她，并没有对她产生"爱情"。直到许广平、许羡苏、王顺亲等一群二十多岁、穿着黑布裙的朝气蓬勃的女学生，频繁地出现在小院和鲁迅的"老虎尾巴"里，当"老虎尾巴"里不时传出欢快的笑声，当许广平能够自然留宿在鲁迅家时，或许朱安心底的那丝希望，才渐渐熄灭了。朱安明白，自己一个年近五十（比鲁迅大两岁）、裹小脚、梳发髻的旧式老妇，在一帮洋溢着青春和欢乐的女学生面前，几乎自卑到不能见人的地步了。1926年8月26日的那个下午还是如期到来了，鲁迅带着许广平南下，朱安知趣地没有送他们到车站，只是站在胡同口目送着他们消失在小巷的尽头，不知她此时的心情又是如何呢？

北京西三条21号的小院，在短短不到两年半的时间里，承载了鲁迅太多的个人情感和工作业绩，也禁不住勾起我们这些后来者无尽的思绪。

我在前院参观时，看到许多人都趴在玻璃窗上，朝屋里观看。我也挨个房间地看，想象着他们当年的日常生活。在"老虎尾巴"的后窗上，我看到鲁迅用来工作的小书桌，还有两只书箱以及一个小而窄的书柜。床也不大，就铺在窗下，小书桌在床前贴东墙而放，桌子上摆设不多，有笔架、笔筒、闹钟、罩灯、盖碗、烟灰缸、一两件雕塑等，都是普通的日常用品。墙上挂着两幅画，一幅是他在日本留学时的老师藤野先生，另一幅是小型炭笔画，就是1926年6月6日在中央公园水榭观看司徒乔画展时购买的，当时买了两幅，一幅是《馒店门前》，另一幅就是现在还挂在墙上的《五个警察和一个O》，画中的"O"指一个孕妇，她在施粥棚为自己的孩子讨了一碗粥之后，想为自己再讨一碗时，遭到了五个警察的围殴。鲁迅买了这幅画，并挂在东墙书桌的上方，体现了他一种非同寻常的情怀和思想。

我们现在再来看看鲁迅的书房，想想当时他在文学界的地位，觉得他的生活真是太简朴了，屋里连一件像样的古董都没有。纵观鲁迅的一生，对于古董似乎不太热心，只是在适当的时候购买一些，而且大多是和自己的研究有关，最集中的一段购买，是在住在绍兴会馆抄古碑的时候，买了不少旧拓，抄着玩，原先只是想打发时间，后来，抄着抄着就萌发了研究的兴趣，并取得了不俗的成就。还比如在1924年7月，鲁迅、孙伏园等一行数人应陕西西北大学的邀请，去西安考察、旅行，其间，在古董铺子里,收购了一些出土文物与碑帖,还有造像拓片等。周作人在《鲁迅的故家》里,专门写了一篇《花瓶》,是记述鲁迅在日本留学时购买一只花瓶的经过,文中说:"鲁迅从小喜欢'花书',于有图的《山海经》《尔雅》之外,还买些《古今名人画谱》之类的石印本,很羡慕《茜窗小品》,可是终于未能买到。这与在东京买'北斋'是连贯的,也可以说他后来爱木刻画的一个原因。民国以后他搞石刻,连带的收集一点金石小品,如古钱、土偶、墓砖、石刻小佛像等,只是看了喜欢;尤其是价值不贵,这才买来,说不到收藏,有如人家买一个花瓶来放在桌上看看罢了。说到花瓶,他曾在北京地摊上买过一个,是胆瓶式的,白地蓝花,草草的几笔,说不出是什么花,那时在看讲朝鲜陶器的书,觉得这很有相像的地方,便买了来,却也未能断定究竟是否。还有一个景泰蓝的,日本名为七宝烧,是在东京买的,这可以算是他那时代所有的唯一的文玩。这花瓶高三寸,口径一寸,上下一般大,方形而略带圆势,里面黑色,外面浅紫,上现一枝牵牛花,下有木座,售价五角。一九〇六年东京开博览会于上野,去溜达一趟之后,如入宝山却不肯空手回,便买了这一件,放在伏见馆的矮桌上,后来几次搬家都带着走,虽然不曾插过一次花,却总在什么角落有它的一个位置。这件古董一直带到绍兴,北京,大概在十年前还曾经看到过,假如没有失掉,那么现在一定还是存在的吧(这话说得有点可笑,却是事实)。"周作人的这本书写于1952年,文中所说的"十年前",应该是1942年了,想来周作人一定是在鲁迅北京的旧居看到的。不过我在西三条21号好几个窗户里都没有望见这只花瓶。当然,鲁迅购买古董最大的收获,就是前文说到的《俟堂专文杂集》和辑校的《嵇康集》《岭表录异》《寰宇贞石图》等古籍了。

我在西三条21号的前院后院不停地徘徊、观看、思考,下午的阳光暖暖地照在小院的各个角落和花草树木上,思绪也经常随着旧物而古今游荡、左右回溯。想想当年的主人,在短短两年零三个月的时间内,写作了那么多的文章,就算是在"三一八"惨案以后,被当局列入追捕名单,他还停不下手中的笔,写出了《记念刘和珍君》《淡淡的血痕中》《二十四孝图》《五猖会》《无常》《马上支日记》等重要篇什。他不仅在当时是青年的导师和领袖,就是现在,他的勤奋和用功的精神,也依然引导着创作界和文化思想界。

下午四时,要闭馆了,在工作人员的催促下,我依依不舍地离开,在跨出院门时,我回身一看,各幢房子的屋顶上,依旧洒满金灿灿的阳光。

2022年4月7日晚草于北京像素